中国学术期刊（光盘版）全文收录期刊

# 中国—东盟研究

CHINA-ASEAN STUDIES

2021年第1辑（总第十七辑）

中国—东盟区域发展省部共建协同创新中心 ◎ 编

中国社会科学出版社

# 图书在版编目(CIP)数据

中国—东盟研究 . 2021 年 . 第一辑：总第十七辑／中国—东盟区域发展省部共建协同创新中心编 . —北京：中国社会科学出版社，2021.3
ISBN 978-7-5203-8120-8

Ⅰ.①中… Ⅱ.①中… Ⅲ.①自由贸易区—区域经济发展—研究—中国、东南亚国家联盟 Ⅳ.①F752.733

中国版本图书馆 CIP 数据核字（2021）第 045891 号

---

| 出 版 人 | 赵剑英 |
|---|---|
| 责任编辑 | 陈雅慧 |
| 责任校对 | 刘　念 |
| 责任印制 | 戴　宽 |

---

| 出　　版 | 中国社会科学出版社 |
|---|---|
| 社　　址 | 北京鼓楼西大街甲 158 号 |
| 邮　　编 | 100720 |
| 网　　址 | http://www.csspw.cn |
| 发 行 部 | 010-84083685 |
| 门 市 部 | 010-84029450 |
| 经　　销 | 新华书店及其他书店 |

---

| 印　　刷 | 北京明恒达印务有限公司 |
|---|---|
| 装　　订 | 廊坊市广阳区广增装订厂 |
| 版　　次 | 2021 年 3 月第 1 版 |
| 印　　次 | 2021 年 3 月第 1 次印刷 |

---

| 开　　本 | 710×1000　1/16 |
|---|---|
| 印　　张 | 11.25 |
| 插　　页 | 2 |
| 字　　数 | 185 千字 |
| 定　　价 | 66.00 元 |

---

凡购买中国社会科学出版社图书，如有质量问题请与本社营销中心联系调换
电话：010-84083683
版权所有　侵权必究

# 《中国—东盟研究》编辑部

**顾问：**
刘正东：广西壮族自治区政协副主席、广西大学党委书记、中国—东盟区域发展省部共建协同创新中心常务理事长
洪银兴：教育部社会科学委员会副主任、原南京大学党委书记、中国—东盟研究院学术委员会主任
张蕴岭：中国社会科学院学部委员、中国—东盟区域发展省部共建协同创新中心首席科学家
郑永年：香港中文大学（深圳）全球与当代中国高等研究院院长

**编辑委员会主任：**
于洪君：原中共中央对外联络部副部长、中国人民争取和平与裁军协会副会长、全国政协外事委员会委员、中国—东盟区域发展省部共建协同创新中心首席科学家

**编辑委员会副主任：**
李光辉：商务部国际经济与贸易研究院原副院长、广西创新发展研究院学术院长
佟家栋：著名经济学家、中国—东盟区域发展省部共建协同创新中心首席科学家、南开大学"院士级"讲席教授
江瑞平：商务部经贸政策咨询委员会委员、中国亚洲太平洋学会副会长
范祚军：广西大学党委常委、副校长，广西大学国际学院院长

**编辑委员会委员：**
陈　岳：中国人民大学国际关系学院教授
许宁宁：中国—东盟商务理事会执行理事长

《中国—东盟研究》编辑部

王玉主：中国社会科学院亚太与全球战略研究院区域合作研究室主任、广西大学中国—东盟研究院院长

魏　玲：对外经济贸易大学国际关系学院教授、《外交评论》和《东南亚研究》编委

李晨阳：云南大学常务副校长、缅甸研究院院长

张振江：暨南大学国际关系学院院长、华人华侨研究院院长

李建军：中央财经大学金融学院院长

范宏伟：厦门大学南洋研究院副院长、《南洋问题研究》主编、编辑部主任

李明江：新加坡南洋理工大学副教授

胡逸山：马来西亚战略与国际问题研究所研究员

程　成：广西大学中国—东盟研究院副院长

**主编：** 王玉主

**执行主编：** 程成

**副主编：** 杨悦、李福建

**编辑部主任：** 杨卓娟

**责任编辑：** 陈园园、余俊杰、韦宝毅

# 目录

## 中国—东盟劳动力

印度尼西亚制造4.0：挑战、应对以及对东盟和中国的
　　启迪 ………………………………… ［印度尼西亚］加布里埃尔·莱勒 / 3
缅甸未来劳动力：2011年民主改革以来的政策和
　　挑战 ………………………………………………… ［缅甸］钦玛玛谬 / 18
中国和东盟未来劳动力：来自新加坡的经验 ……… ［新加坡］钱继伟 / 30
"中国制造2025"推动农业技术塑造中国劳
　　动力 ………………………………………… ［泰国］苏帕坤·坤隆 / 45
越南未来劳动力：挑战与对策 …………………… ［越南］武氏青秀 / 59

## 国别与区域研究

新冠肺炎疫情期间日本对东盟国家的外交 …………………… 周永生 / 73
中国对缅"债务陷阱论"？
　　——缘起、影响与应对 …………………………………… 罗会琳 / 93
澜湄农业合作的进展与发展
　　前景 ………………… 姜晔　杨光　祝自冬　张芸　张斌 / 114
马来西亚族际政治整合价值取向研究 ……………………… 许红艳 / 128

## 会议综述

应对新冠肺炎疫情冲击 推动"一带一路"高质量发展
——"中国—中南半岛经济走廊建设研讨会"
综述 .................................... 王玉主 李博艺 余俊杰 / 147

## 附 录

中国—东盟区域发展省部共建协同创新中心简介 ............... 159
广西大学国际学院简介 .................................. 163
广西大学中国—东盟研究院简介 .......................... 164
广西大学中国—东盟信息港大数据研究院简介 ............... 167
《中国—东盟研究》征稿启事 ............................ 169

# Contents

## China-ASEAN Labour Force

Making Indonesia 4.0: Challenges, Responses,
 and Implications for ASEAN and China ·················· *Gabriel Lele* / 3
Future Labour in Myanmar: Policies and Challenges
 since Democratic Reforms in 2011 ···················· *Khin Ma Ma Myo* / 18
Future of Labor in ASEAN and China: Experiences
 from Singapore ································································ *Qian Jiwei* / 30
"Made in China 2025" Driving Agriculture Technology
 Shaping Labour Forces in China ················ *Suppakorn Khonkhlong* / 45
Future of Labour in Vietnam: Challenges and
 Responses ························································ *Vu Thi Thanh Tu* / 59

## Country and Region Studies

Japan's Diplomacy towards ASEAN Countries during
 the COVID-19 Pandemic ································· *Zhou Yongsheng* / 73
Has China Pursed "Debt-Trap Diplomacy" in Myanmar?
 —Origin, Effects and Responses ····························· *Luo Huilin* / 93
Progress and Prospect of Lancang-Mekong Agricultural
 Cooperation
  *Jiang Ye  Yang Guang  Zhu Zidong  Zhang Yun  Zhang Bin* / 114

A Study on the Value Orientation of Inter-Ethnic Political
　　Integration in Malaysia ································ *Xu Hongyan* / 128

## Conference Review

Fighting against the COVID-19 Pandemic and Promoting
　the High-Quality Development of the "Belt and Road"
　Initiative—Summary of "Seminar on the
　Construction of China-Indochina Peninsula
　Economic Corridor" ················ *Wang Yuzhu　Li Boyi　Yu Junjie* / 147

## Appendix

Introduction on China-ASEAN Collaborative Innovation Center
　for Regional Development Co-constructed by the Province
　and Ministry ··················································· 159
Introduction on International College of Guangxi University ············ 163
Introduction on China-ASEAN Research Institute of Guangxi
　University ······················································ 164
Introduction on China-ASEAN Information Harbor Institute
　of Big Data Research of Guangxi University ···················· 167
Call for Papers ······················································ 169

# 中国—东盟劳动力

## China-ASEAN Labour Force

# 印度尼西亚制造4.0：挑战、应对以及对东盟和中国的启迪

[印度尼西亚] 加布里埃尔·莱勒（著） 韦宝毅（译）*

【摘要】作为东盟最大的国家，印尼在努力应对第四次工业革命的同时，必须解决一些诸如贫困、失业之类的传统挑战。如何应对第四次工业革命所带来的机遇和挑战，印尼将提供一个范例。本文认为，印尼正在实施几项与劳工相关的举措，面临着横向和纵向层面上的问题，必须处理好政策和优先事项之间的关系，营造良好的劳工治理环境。在横向层面，几个直属部委在应对第四次工业革命时常常出现政策和优先事项的混乱。在纵向层面，国家政府和地方政府之间的政策常常出现分歧。本文建议印尼政府制定更有效的劳工转型政策框架。同时，本文认为其他东盟国家也可能会面临相同的挑战，因此呼吁东盟在劳工转型方面提供一个可操作的区域框架，为其成员国提供更积极、有效的指导。这个区域框架要有更清晰的目标、时间表和责任分配方案。在该区域框架下，中国有可能成为一个重要的参与伙伴。

【关键词】劳工转型　第四次工业革命　劳工治理　印尼　东盟

【作者简介】加布里埃尔·莱勒（Gabriel Lele），印尼卡查玛达大学东盟研究中心，高级讲师、研究员。

---

* 韦宝毅，广西大学国际学院《中国—东盟研究》编辑部，责任编辑。

# 引 言

第四次工业革命将推动全球向自动化、物联网和电子化发展。[1] 作为世界上人口第四大国家,印尼一直在努力解决与劳工相关的问题,特别是在向民主过渡的过程中,劳工政策改革被视为民主化的一部分。[2] 民主化强调对工人权利的保护,但它与全球化的交互作用又提高了对劳工竞争力的要求。此外,考虑到第四次工业革命的到来,与劳工政策相关的改革十分重要。

本文将简要讨论印尼政府如何尝试调整政策以适应第四次工业革命带来的新挑战。印尼在东盟地区有着广泛的影响力,其范例对东盟国家的劳工政策变化趋势具有一定的借鉴意义。劳工管理是东盟共同体建设的重要内容。印尼在国内解决这一问题的能力将极大地影响劳工管理议程的未来。本文涵盖四个主要问题:印尼劳工概况、印尼相关部门面临的挑战、印尼政府的应对举措以及印尼实践对东盟和中国的启迪。

## 一 印尼劳工概况

印尼劳工的主要特征之一是失业率居高不下。2019 年失业率为 5.29%。虽然近来这一数字有所下降,但仍保持在 5.00% 以上。佐科政府的目标是在 2020 年至 2024 年将这一数字降至 3.60%—4.30%。[3] 令人惊讶的是,在失业率中,具有中等教育背景的人占比最高,其次是具有高等教育背景的群体(见表1)。具有中、高等教育背景的劳工失业率高,主要是因为劳工的高学历与对工作的期望之间不匹配。根据(印尼)统计局 2015 年的调查,53.33% 的印尼劳动力面临着纵向不匹配的问题,即劳工受教育程度和技能水平不匹配,60.62% 的印尼劳动力面临着横向

---

[1] Christine Lewis, "Structural Changes to Maintain a Strong Development Path in Indonesia", *Journal of Development Perspectives*, Vol. 3, No. 1 – 2, 2019, pp. 111 – 136.

[2] Michael Neureiter, "Organized Labor and Democratization in Southeast Asia", *Asian Survey*, Vol. 53, No. 6, 2013, pp. 1063 – 1086.

[3] Government of Indonesia 2020, "Rencana Pembangunan Jangka Menengah National 2020 – 2014 (Medium-Term National Development Plan 2020 – 2024)", 2020, https://drive.bappenas.go.id/owncloud/index.php/s/4q7Cb7FBxavq3lK,登录时间:2020 年 9 月 27 日。

印度尼西亚制造4.0：挑战、应对以及对东盟和中国的启迪

不匹配的问题，即学历和技能背景与工作要求之间存在差距。这两种情况都可能导致人力资本的过剩或短缺。更不用说那些教育背景普通的失业者了，他们大多缺乏一技之长，从而导致了另一个复杂的问题，即低收入问题。①

表1　　　　　　　基于教育背景的失业率　　　　　　　（％）

| 受教育程度 | 2018年 | 2017年 | 2016年 |
| --- | --- | --- | --- |
| 未接受教育 | 2.02 | 1.63 | 1.46 |
| 受初等教育 | 2.79 | 3.61 | 3.88 |
| 受中等教育 | 7.58 | 9.48 | 9.63 |
| 受高等教育 | 5.92 | 5.57 | 5.15 |

资料来源：Bureau of Statistics, "Profil Tenaga Kerja Indonesia（Indonesian Labor Profile）", 2020, https：//www.bps.go.id/subject/6/tenaga-kerja.html#subjekViewTab3，登录时间：2020年9月23日。

表2显示出，印尼的失业人口主要来自15—19岁的年龄组。这与表1的数据存在正向关系。从供给方面来看，印尼的劳动力以初中学历为主，占58.8%。②

表2　　　　　　　基于年龄组的失业率　　　　　　　（％）

| 年龄组（岁） | 2019年 | 2018年 | 2017年 |
| --- | --- | --- | --- |
| 15—19 | 25.87 | 26.67 | 27.54 |
| 20—24 | 15.62 | 16.73 | 16.62 |
| 25—29 | 7.18 | 6.99 | 6.76 |
| 30—34 | 3.55 | 3.47 | 3.40 |

---

① Mohammad Zulfan Tadjoeddin, "Inequality and Exclusion in Indonesia Political Economic Developments in the Post-Soeharto Era", *Journal of Southeast Asian Economies*, Vol.36, No.3, 2019, pp.284-303.
② Bureau of Statistics, "Profil Tenaga Kerja Indonesia（Indonesian Labor Profile）", 2020, https：//www.bps.go.id/subject/6/tenaga-kerja.html#subjekViewTab3，登录时间：2020年9月23日。

续表

| 年龄组（岁） | 2019 年 | 2018 年 | 2017 年 |
|---|---|---|---|
| 35—39 | 2.26 | 2.49 | 2.45 |
| 40—44 | 2.08 | 1.81 | 1.86 |
| 45—49 | 1.82 | 1.58 | 1.51 |
| 50—54 | 1.66 | 1.40 | 1.54 |
| 55—59 | 1.30 | 1.25 | 1.73 |
| ≥60 | 0.66 | 0.61 | 1.52 |

资料来源：Bureau of Statistics, "Profil Tenaga Kerja Indonesia（Indonesian Labor Profile）", 2020, https://www.bps.go.id/subject/6/tenaga-kerja.html#subjekViewTab3，登录时间：2020 年 9 月 23 日。

来自各方面的数据都显示印尼工人的素质比较低。经济合作与发展组织（Organization for Economic Co-operation and Development，OECD）的国际学生评估项目（Programme for International Students Assessment，PISA）将印尼排在新加坡、马来西亚、泰国和中国之后，印尼学生在自然科学各方面的表现都相对较低（见表3）。同样，2015 年印尼劳工的调查显示，[①] 在制造业领域，只有 4.3% 的工人被归为熟练工人，10.5% 的为半熟练工人，剩下的 85.2% 属于非技术工人。这不仅对劳工，而且对行业和政府都造成了严重影响。印尼政府已经认识到这一点，并试图从小学教育开始，通过重新关注具体学科来改进课程设置。这对培养更合格、更有生产力的劳动力尤其重要。

表3　　　　　　　东盟各国与中国的学生能力对比

| 国家（地区） | 2018 年 阅读（分） | 2018 年 数学（分） | 2018 年 科学（分） | 2015 年 阅读（分） | 2015 年 数学（分） | 2015 年 科学（分） |
|---|---|---|---|---|---|---|
| 印尼 | 371 | 379 | 396 | 397 | 386 | 403 |

① Bureau of Statistics, "Profil Tenaga Kerja Indonesia（Indonesian Labor Profile）", 2020, https://www.bps.go.id/subject/6/tenaga-kerja.html#subjekViewTab3，登录时间：2020 年 9 月 23 日。

印度尼西亚制造4.0：挑战、应对以及对东盟和中国的启迪

续表

| 国家（地区） | 2018年 阅读（分） | 2018年 数学（分） | 2018年 科学（分） | 2015年 阅读（分） | 2015年 数学（分） | 2015年 科学（分） |
| --- | --- | --- | --- | --- | --- | --- |
| 马来西亚 | 415 | 440 | 438 | — | — | — |
| 新加坡 | 549 | 569 | 551 | 535 | 564 | 556 |
| 泰国 | 393 | 419 | 426 | 409 | 415 | 421 |
| 文莱 | 408 | 430 | 431 | — | — | — |
| 菲律宾 | 340 | 353 | 357 | — | — | — |
| 中国大陆 | 555 | 591 | 590 | 494 | 513 | 518 |
| 中国澳门 | 535 | 558 | 544 | 509 | 544 | 529 |
| 中国香港 | 524 | 551 | 517 | 527 | 548 | 523 |

资料来源：OECD，"PISA 2015：Results in Focus"，2015，http：//www.oecd.org/pisa/keyfindings/，登录时间：2020年9月22日。OECD，"PISA 2018：Insights and Interpretations"，2018，https：//www.oecd.org/pisa/publications/，登录时间：2020年9月22日。

同样，世界经济论坛（World Economic Forum）《2017年全球人力资本报告》再次表明，[①] 印尼必须提高其人力资本水平。该报告显示，印尼人力资本指数排在第65位，远远落后于新加坡（第11位）、马来西亚（第33位）、泰国（第40位）和越南（第64位）。例如，泰国在专业技能水平指数上表现强劲，证明其通过推动技术密集型人才就业成功地获得了较高的人力资本配置得分。马来西亚在人力资本能力、人力资本开发和专业技能水平方面得分很高，领先于除新加坡以外的其他东盟国家，但由于就业方面存在相当大的性别差距，它在人力资本配置指数方面的表现有所滞后。与此同时，中国在人力资本配置指数上表现得最好，在人力资本能力和专业技能水平指数上也表现得相对较好。该报告认为，印尼和越南在其年轻一代的教育成就方面取得了显著提高，从人力资本开发指数来看，其未来人力资本潜力巨大，发展前景良好，但还有很长的路要走。其面临的主要挑战在于人力资本配置和专业技能水平指数，例如劳动力参与率、就

---

① World Economic Forum，"Global Human Capital Index"，2017，https：//weforum.ent.box.com/s/dari4dktg4jt2g9xo2o5pksjpatvawdb，登录时间：2020年9月21日。

中国—东盟劳动力

业性别差距、失业率和就业不足率（人力资本配置指数）等，以及高技能就业份额、中等技能就业份额、经济复杂性和熟练工人可得性（专业技能水平指数）。

就部门而言，印尼大部分工人受雇于农业部门，其次是贸易和住宿服务以及其他社会、社区和个人服务部门。在这些部门中，56.84%的属于非正规部门。数字经济的到来使得正规部门和非正规部门之间的明确区分变得更加困难，因为非正规部门的工人比正规部门的工人挣得更多。这也给政府制定全民基本收入政策带来了困难。①

在创造就业方面，服务业提供了最多的就业岗位，2019年，服务业提供了约980万个就业岗位。与此同时，工业部门只提供了300万个就业岗位。令人担忧的是，一直以来提供就业岗位最多的农业部门的就业已经减少了330万人。相反，非正规劳动力的比例从2015年的42.3%上升到2018年的43.2%。② 其中，中小企业就业人数占就业人口总数的97.0%。

由于工作机会有限而导致的高失业率迫使很大一部分印尼工人到国外工作，成为印尼海外劳工。据报道，截至2019年底，至少有370万名印尼劳工在海外工作。印尼海外劳工素质普遍不高，大多在劳动密集型、低技术含量的行业工作。而最棘手的问题是，在中东国家和马来西亚等地都发生了印尼海外劳工伤亡事件。③ 这个问题非常敏感，也十分重要，以致在印尼国内外经常引发政治和宗教争议。

总体来看，印尼仍然面临着高失业率的严重挑战。虽然工作机会确实有限，但更令人担忧的是劳动力素质不高的问题。随着自动化进程的日益紧迫，印尼面临的挑战将更加严峻，这需要更加系统的政策回应。

---

① Ministry of Labor, "Rencana Strategis 2020 – 2024 (Strategic Plan 2020 – 2024)", 2020, https://jdih.kemnaker.go.id/katalog-1673-Peraturan%20Menteri.html, 登录时间：2020年9月21日。
② Ministry of Labor, "Rencana Strategis 2020 – 2024 (Strategic Plan 2020 – 2024)", 2020, https://jdih.kemnaker.go.id/katalog-1673-Peraturan%20Menteri.html, 登录时间：2020年9月21日。
③ Mary Austin, "Defending Indonesia's Migrant Domestic Workers", in Ward Berenschot, Henk Schulte Nordholt and Laurens Bakker eds., *Citizenship and Democratization in Southeast Asia*, Leiden: Brill, 2017, pp. 265 – 288.

## 二 印尼相关部门面临的挑战

自1998年以来,印尼的民主化进程在为不同群体打开自由表达空间、保障他们从新设计的制度安排中获益方面发挥了重要作用。劳工和劳工运动是这一进程的一个重要体现,它在推进或破坏新建立的民主制度方面产生了不同效果。①

印尼的劳工概况显示出几个显著的特征:宏观层面的动态变化受到微观层面的影响,同时反过来影响微观层面的安排。无论怎样,劳工福利已经成为劳工及劳工运动最关注的问题。自2003年劳工法案颁布以来,尽管劳工和劳工运动存在着一定程度的分裂,但在最低工资和就业保障这两个主要问题上的主张一直相当一致。这作为"五一劳动节"劳工的最大诉求在许多场合以各种方式被表达出来。

劳工质量对印尼来说是一个重要的挑战。一些公开发表的报告显示,在劳工质量问题上,印尼是表现最差的经济体。印尼统计局2019年公布的数据显示,大多数印尼劳工只接受过初等教育,只有12.7%的劳工拥有大学文凭或高等教育背景,而34.0%的劳工具有中等教育水平。其余的要么只有初等教育背景,要么根本没有接受过教育。此外,只有39.6%的劳工具有中高等技能,这也远远落后于其他东盟国家。②

世界经济论坛也对印尼劳工的质量问题表示关切。《2017年全球人力资本报告》中的劳工技能数据显示,印尼在平均受教育年限方面排名非常低。随着世界进入数字经济或第四次工业革命,印尼也需要立即采取应对措施,提高在职人口数字技能(排第52名)以及熟练工人供应量这两个方面的表现。

额外技能以及就业就绪度的问题也引起了印尼的担忧。世界银行(2019)认为,至少需要具备三种主要的能力才可以帮助人们进入就业

---

① Thushara Dibley and Michele Ford, "Introduction: Social Movements and Democratization in Indonesia", in Thushara Dibley and Michele Ford eds., *Activists in Transition: Progressive Politics in Democratic Indonesia*, Itacha: Cornell University Press, 2019, pp.1–22.

② Bureau of Statistics, "Profil Tenaga Kerja Indonesia (Indonesian Labor Profile)", 2020, https://www.bps.go.id/subject/6/tenaga-kerja.html#subjekViewTab3,登录时间:2020年9月23日。

市场，分别是高级认知技能（如解决复杂问题）、社会行为技能（如团队合作）以及基于推理和自我效能感的适应技能。这些已经成为印尼工人的共同弱点，这限制了他们被雇用的机会。除此之外，还有创业技能。印尼工人一般更喜欢为别人打工，而不是自主创业。自主创业的劳动力比例从2014年8月的38.3%（1787万人）下降到2019年8月的38.2%（2022万人）。① 更深层次的反思指出，包括高等教育在内的各级教育课程发展都很糟糕。例如，在地理空间能力领域，Purnahayu等人（2020）得出结论，印尼大学只能提供1级和2级（而所需要的是3—9级）课程，在41所开设地理学系的大学中，只有两所大学能提供足够的人力资源能力课程。②

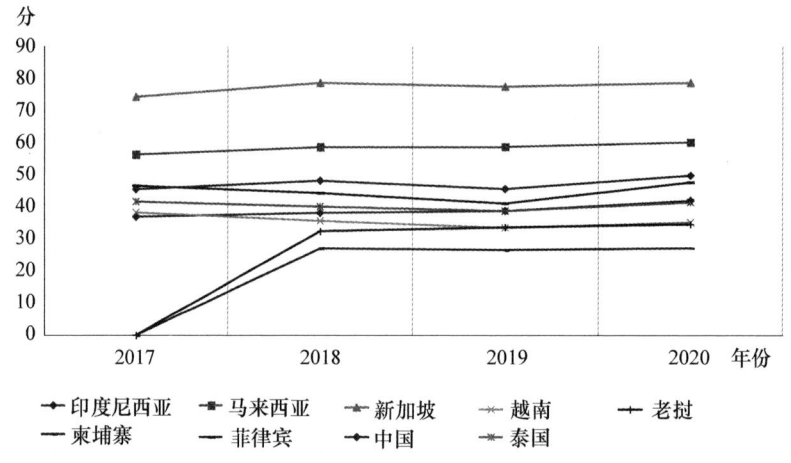

图1　中国与东盟全球人才竞争力指数

资料来源：Global Talent Competitiveness Index Report, "Global Talent in the Age of Artificial Intelligence", 2020, https://gtcistudy.com/the-gtci-index/，登录时间：2020年9月20日。

印尼的另一个挑战是劳工的生产率。许多报告显示，印尼工人的生产率比较低。在全球人才竞争力指数中，印尼从2017年的第90位上升到

---

① Bureau of Statistics, "Profil Tenaga Kerja Indonesia (Indonesian Labor Profile)", 2020, https://www.bps.go.id/subject/6/tenaga-kerja.html#subjekViewTab3，登录时间：2020年9月23日。

② Indu Purnahayu, Puspa Eosina, Budi Susetyo, and Immas Nurhayati, "Indonesian Universities Readiness in Providing Professional HR in Geospatial Information", *International Journal of Modern Education and Computer Science*, Vol. 12, No. 3, 2020, pp. 26 – 32.

印度尼西亚制造4.0：挑战、应对以及对东盟和中国的启迪

2018年的第77位和2019年的第67位，2020年继续上升到第65位。尽管如此，印尼仍然远远落后于新加坡（3）、马来西亚（26）、中国（42）和菲律宾（46），只稍微领先于泰国（67）。①

同样，印尼统计局（2020年）报告称，② 尽管印尼工人的生产率从2017年的8190万卢比/（人·年）提高到2018年的8407万卢比/（人·年），但仍远远落后于新加坡和马来西亚。这种糟糕表现背后的主要因素是教育的质量和与之相关联的因素。③ 除非印尼政府立即采取系统措施，否则印尼在未来几年里将不得不面对这一挑战，这将损害印尼劳工在国内和地区劳工市场上的竞争力。

印尼政府优先应对的另一个挑战是印尼海外劳工问题。这是一项艰巨的工作，因为它不仅要与印尼工人及其海外雇主打交道，还要与印尼海外劳工所在国政府打交道。印尼指定了专门机构处理这个问题，但缺乏效率。许多违反合同或缺乏保护的事件时有发生，再加上劳工素质低下，一些事件导致了劳工的非正常死亡，这很容易造成外交事件。仅在东盟区域内，此类事件就引起了马来西亚和新加坡政府的高度重视，迫使印尼高级官员出面进行干预，以平息紧张局势。而非法印尼海外劳工无异于使局势变得雪上加霜。

同样，印尼也一直面临着外来劳工的问题。截至2018年3月，印尼共有89784名外来劳工，这引发了人们对印尼国内劳工就业机会保护的担忧。④ 这种情况由于对外来劳工工作许可证监管不力而更加恶化，导致侵权事件时有发生。最糟糕的是，事态发展引发了印尼国内劳工和普通大众对外来劳工的反感情绪。在这种背景下，中国海外劳工也会受到冲击。

综上所述，印尼正面临着非常严重的劳工问题，无论是在其国内还是

---

① Global Talent Competitiveness Index Report, "Global Talent in the Age of Artificial Intelligence", 2020, https://gtcistudy.com/the-gtci-index/，登录时间：2020年9月20日。
② Bureau of Statistics, "Profil Tenaga Kerja Indonesia (Indonesian Labor Profile)", 2020, https://www.bps.go.id/subject/6/tenaga-kerja.html#subjekViewTab3，登录时间：2020年9月23日。
③ Roziana Baharin, Rizqon Halal Syah Aji, Ishak Yussof and Nasir Mohd Saukani, "Impact of Human Resource Investment on Labor Productivity in Indonesia", *Iranian Journal of Management Studies*, Vol. 13, No. 1, 2020, pp. 139 – 164.
④ Ministry of Labor, "Rencana Strategis 2020 – 2024 (Strategic Plan 2020 – 2024)", 2020, https://jdih.kemnaker.go.id/katalog-1673-Peraturan%20Menteri.html，登录时间：2020年9月20日。

中国—东盟劳动力

在全球范围内。在国内,劳工质量、劳工生产率、劳工福利和对外来劳工的负面情绪仍然是艰巨的挑战。在全球范围内,印尼面临的挑战在于如何提高劳工的竞争力(至少在地区层面上)和为印尼海外劳工提供充分的监督和保护。在第四次工业革命的背景下,除非立即采取补救措施,否则这些问题会导致印尼面临内外交困的局面。

## 三 印尼政府的应对举措

印尼政府一直非常重视劳工问题。在过去的几年里,印尼政府对人口红利越来越重视。劳工问题与投资、全球化、自由化、政治稳定、人权等其他问题密切相关,并且十分复杂,① 如果管理不善,印尼将会为此付出代价。②

为了应对复杂的劳工问题,印尼政府已经采取了一系列政策措施。这些措施在佐科总统的第二任期内受到分外重视。其中的首要任务是:提高印尼劳工的素质,从而提高生产力。这已成为五年发展规划的优先事项之一。印尼政府意识到印尼劳工低素质和低生产力的原因是受教育水平低,受教育背景和就业要求不匹配。因此,它设置了明确的目标,到2024年,增加创造性经济工作者的数量到2100万人,提高中级和高级技术工人的占比至50.0%,增加高中和大学教育水平人数占比至52.1%,增加216万名职业教育毕业生和380万名职业培训毕业生,增加280万名认证职业毕业生。印尼政府还计划增加2200万名产业工人和1500万名旅游工人,在2024年之前每年提供270万至300万个就业机会。③

为了达到以上目标,政府通过职业发展、创新教育和培训来支持国家战略。同时政府也重视加强与私营部门的合作和突出私营部门的贡献,增加职业机构的质量评估和改进大学课程,以更好地适应工作要求,通过发

---

① Tonia Warnecke and Alex De Ruyter, "The Enforcement of Decent Work in India and Indonesia: Developing Sustainable Institutions", *Journal of Economic Issues*, Vol. 46, No. 2, 2012, pp. 393 – 401.
② Joelle H. Fong, "Extending Demographic Windows of Opportunity: Evidence from Asia", *Asia Pacific Journal of Risk Insurance*, Vol. 11, No. 1, 2017, pp. 1 – 23.
③ Government of Indonesia, "Rencana Pembangunan Jangka Menengah National 2020 – 2014 (Medium-Term National Development Plan 2020 – 2024)", 2020, https: //drive. bappenas. go. id/owncloud/index. php/s/ 4q7Cb7FBxavq3lK,登录时间:2020年9月25日。

印度尼西亚制造4.0：挑战、应对以及对东盟和中国的启迪

展科技园和商业化的办公室创造一个创新生态系统，成立技术转让办公室，加强研究和发展活动。在这一方案下，印尼教育部推出了一个名为"免费校园"或"免费学习"的新计划，旨在向学生提供进入就业市场所需的知识、技能和经验培训。学生们还能接触到创业知识，从而寻求自己的工作或创业机会。

现任印尼政府制定的另一项政策措施是提供就业服务。自2018年起，政府启动了更全面的就业服务计划，服务范围涵盖职业转换、失业保险、职业匹配、职业培训、职业再培训、职业转移等。在新冠肺炎疫情暴发期间，政府还提供了几项救援计划，同时试图提供开放和自由选择的培训机制，为受影响最严重的人群提供新的就业机会。

目前正在实施的另一项重要举措是为创造就业建立一个更全面、更综合的立法框架，称为就业创造综合法（RUU Omnibus Law Cipta Kerja）。但是这一举措极具争议，主要反对意见来自劳工方面，因为该法案具有自由主义倾向，它关注的是如何增加投资，而非保护和改善工人的福利。政府旨在简化所有不必要的程序和要求，创造更具竞争力的投资环境，为印尼劳工带来更多的就业机会。考虑到争议还在持续，该法案能在这个方向上走多远还有待观察。

关于第四次工业革命，印尼政府通过不同部门的努力取得了一些突破，其中工业部、劳动部和教育部的努力尤其值得关注。工业部2019年发布了一份名为《印度尼西亚制造4.0》的政策报告。① 这份报告为加快产业转型制定了各项议程。它的目的是通过将研发支出增加至占国内生产总值的2.0%，净出口贡献占国内生产总值的10.0%，以及将生产率—成本比率提高一倍，让印尼跻身于世界十大经济体之列；基于人工智能发展，将优先发展具有较高区域竞争力的五个行业，即食品和饮料、纺织和服装、汽车、电子和化工。这五个行业将占制造业产值的60.0%，占制造业出口的65.0%，占制造业工人就业岗位的60.0%。

同样，劳动部也发起了几项举措，包括在"三项技能训练计划"（"技能训练""技能再训练"和"技能升级训练"）下准备更具创新意义的技能发展，制定更灵活的相关劳动规章制度，为技能发展提供社会计划，保

---

① Ministry of Industry,"Making Indonesia 4.0", 2019, https：//www. kemenperin. go. id/download/18384，登录时间：2020年9月25日。

障劳动收入提高，以及提供多种就业服务计划。这些举措还通过诸如工作转换、失业保险、工作匹配、就业再培训、工作培训和工作转移等计划，为现有和未来的工人提供特殊的工作服务。目前，劳动部将为所有需要掌握新技能或升级技能的工人开发一个在线平台。①

最后，政府责成教育部加快推进职业教育转型，包括创造就业机会（创办企业）、从培养专业型到培养复合型或多种技能的毕业生、变得更加个性化和以产品为导向、从面向年轻一代到覆盖弱势和边缘化群体、重视数字化和综合培训，以及加强与私营部门的伙伴关系。这一转变也在大学中进行。在众多举措中，最重要也最具争议的举措就是所谓的免费校园，即免费学习。该方案脱离了免费体验式学习方式，主要基于一定的需求和激情开展教学。在此计划下，学生可以在校外学习两个学期（40 学分）（包括学徒项目、独立项目、社区服务、学生交换、人道主义项目、创业活动、研究），也可以在同一所大学的不同项目中再学习 1 个学期。

印尼面临的真正挑战是如何完成这些议程。所有的政策举措都必须适应全球化的发展趋势。问题不只是要有好的政策，而是要确保这些政策能得到有效执行。这对印尼而言尤其重要，因为该国一直面临着横向和纵向的劳工治理碎片化问题。从横向意义上说，国家劳动治理涉及几个相互关联但又相互掣肘的机构，分散在几个具有不同（如果不是对立的话）授权、方向、目标和优先事项的部门之间。于是出现了具体的跨机构的工作任务，也引起了混乱。由于机构间面临着协调这一棘手问题，转型过程不清楚由哪个部门来领导。印尼缺少的正是一个共同约定和参考、可以引导所有部门朝着相同目标前进的框架。

印尼还面临着垂直分裂的问题，这让情况变得更加复杂。由于 2001 年开始实行分权，中央政府的更多权力被移交给地方政府，中央政府和地方政府在劳动政策和管理上有着不同的任务。由于其地理上覆盖广泛，使得国家政府难以维持连贯的政策，更谈不上有效执行了。在许多情况下，由于种种原因，国家和地方政府之间总是存在着政策分歧甚至冲突。这导致了体制上的复杂性，为此印尼正试图通过制定关于就业创造综合法的新方案来简化这一问题。

---

① Ministry of Labor, "Rencana Strategis 2020 - 2024 (Strategic Plan 2020 - 2024)", 2020, https://jdih.kemnaker.go.id/katalog-1673-Peraturan%20Menteri.html, 登录时间：2020 年 9 月 25 日。

印度尼西亚制造4.0：挑战、应对以及对东盟和中国的启迪

## 四 印尼实践对东盟和中国的启迪

印尼作为东盟最大的国家，在确定东盟的发展方向和未来前景方面仍然发挥着关键作用。印尼发生的情况将影响其他成员国。就劳工而言，印尼目前面临和未来将继续面临的问题需要印尼国内和东盟地区共同应对。

在印尼国内，如前所述，政府已经并将继续采取政策措施来应对劳工问题，同时要将劳动力流动和就业、投资、人权和人口红利的自由化（全球化）背景纳入考虑范围。① 不同的、有时甚至相反的优先事项之间的复杂联系，让政府抉择变得困难。在最好的情况下（尽管远非理想的情况），最可行的劳工政策框架将是一个能够平衡所有这些优先事项的框架。在印尼制定和实施任何相关的劳动政策都将是一个艰巨的挑战，印尼在劳工治理方面面临横向和纵向层面的问题，要处理好政策和优先事项之间的关系。②

在区域框架下，由于劳工问题已经超越了边界，因此需要印尼、其他东盟国家和中国共同应对。随着劳动力自由化的到来和反对外来劳工情绪的上升，制定一个可行的区域和集体劳工政策框架至关重要。由于印尼国内就业机会有限，许多印尼求职者都到马来西亚、新加坡和文莱等其他国家打工。这种情况可能在菲律宾人和中国人中非常普遍。尽管外来劳工可能很重要，但他们的流动性和管理方式让许多问题变得更加复杂，包括对劳动力质量和生产力的担忧，对包括劳工福利在内的劳工权利（或体面工作）的保护。同样，印尼的情况也表明，对外来劳工的负面情绪正在逐渐上升。随着外来劳工数量的不断增加，并且在这个日益自由的劳动力市场上具有高度的流动性，这需要更好的包容与合作。尽管对印尼而言，对中国籍外来劳工的排外情绪尤为明显，然而，出于不同的原因，这种情况可能也普遍存在于其他东盟国家。在这个更加自由的市场上，一个更为审慎

---

① Christine Lewis, "Structural Changes to Maintain a Strong Development Path in Indonesia", *Journal of Development Perspectives*, Vol. 3, No. 1 – 2, 2019, pp. 111 – 136.
② Joelle H. Fong, "Extending Demographic Windows of Opportunity: Evidence from Asia", *Asia Pacific Journal of Risk Insurance*, Vol. 11, No. 1, 2017, pp. 1 – 23.

中国—东盟劳动力

的框架可能会缓和劳资纠纷。①

在区域层面具体处理应对第四次工业革命的劳动力转型时,东盟应通过提供一个可操作的区域框架(明确具体框架是什么,在何时、应如何以及由谁来推动制定这一框架)来充当劳动力转型的催化剂。比如,在承认国家间多样性的同时发展一个"伞形框架"。在更实际的层面上,可以从制定东盟大学毕业生的最低能力标准开始。然后,作为"缩小差距"这一更广泛倡议的一部分,必须通过提供便利来促进区域框架的成形。《关于保护和促进移徙工人权利的宿务宣言》可能是一个良好的开端,需要进一步加强。② 否则,劳工的复杂性仍将是该地区面临的严峻挑战。

同样,鉴于中国在东盟的战略经济地位,中国也可能在这一地区倡议中发挥更积极的作用。这不仅将使中国与东盟成员国之间的劳动力市场更具竞争力,而且将使双方的互动更加友好。

# Making Indonesia 4.0: Challenges, Responses, and Implications for ASEAN and China

*Gabriel Lele*

**Abstract** This article discusses the case of Indonesia in preparing itself to address the challenges and opportunities left by the Industrial Revolution 4.0. Indonesia is a showcase where, as the largest country in ASEAN, it has to solve several traditional challenges such as poverty and unemployment while concomitantly put its efforts to deal with the Industrial Revolution 4.0. This article

---

① L. J. Perry, "Neo-liberal Labor Market Reforms and Work Stoppages: Comparisons of India, Indonesia, the United States, and Australia", *South Asian Journal of Management*, Vol. 13, No. 3, 2006, pp. 7 – 30.

② Emilia Fitrianan Dewi, Agus Mulya, An Chandrawulan, Yani Pujiwati and Achmad Gazali, "The Equal Migrant Labor Distribution through Indonesia Labor Law Policy in ASEAN Economic Community Framework", *Journal of Advanced Research in Law and Economics*, Vol. 11, No. 2 (48), 2020, pp. 334 – 341.

maintains that while several labor-related initiatives are underway, Indonesia has to deal with its unfriendly labor governance marked by the fragmentation of policies and priorities at both horizontal and vertical levels. At the horizontal levels, several line ministries are responsible sectorally for dealing with Industrial Revolution 4.0, frequently resulting in confusing policy and priorities. While at the vertical level, fragmentation is marked by policy divergence between the national and subnational governments. It is highly recommended that the Government of Indonesia develops a more effective labor transformation policy framework. Simultaneously, assuming that other ASEAN countries may find the same challenge, the article also calls for ASEAN to play more active and effective facilitation to its member countries by providing an actionable regional framework for labor transformation with a much clearer target, timeframe, and distribution of responsibilities. It is under such a framework that China could be a significant contributing partner.

**Key Words**　Labor Transformation; Industrial Revolution 4.0; Labor Governance; Indonesia; ASEAN

**Author**　Gabriel Lele, ASEAN Studies Center of Universitas Gadjah Mada, Senior Lecturer and Research Fellow.

# 缅甸未来劳动力：2011年民主改革以来的政策和挑战

［缅甸］钦玛玛谬（著） 陈园园（译）*

**【摘要】** 本文旨在分析缅甸2011年民主改革以来劳动力政策的变化，并探讨未来劳动力所面临的挑战。2011年以来的民主改革进程和劳动力市场的新动向带来了前所未有的变化，缅甸一直努力迎接挑战以实现数字经济的发展。按照国际劳工标准和民主规范进行劳动力改革是民主改革的首要议程之一。自2011年民主改革以来，缅甸巩发党政府和民盟政府在劳工政策和法律改革、创造就业机会、社会保障、争端解决机制以及劳工权利和制度等方面采取的措施均取得了明显成效。然而，面对第四次工业革命，缅甸在劳动力市场和未来劳动力方面存在着诸多制约因素。本文分析指出，缅甸面临的主要挑战是立法和法规问题、技能短缺和人力资源短缺、童工问题以及在第四次工业革命中存在的制约因素。尽管如此，毫无疑问的是，缅甸的劳动力市场在未来几年里将随着民主改革进程中社会、经济和政治格局的改变而发生变化。缅甸现有劳动力市场和未来劳动力面临的挑战可以通过制定有效的政策、高效的管理和改善人力资源来解决。

**【关键词】** 缅甸 劳动力 民主改革 第四次工业革命

**【作者简介】** 钦玛玛谬（Khin Ma Ma Myo），缅甸仰光大学国际关系系，教授。

---

\* 陈园园，广西大学国际学院《中国—东盟研究》编辑部，责任编辑。

# 引 言

2010年大选后，缅甸整体政治、经济和社会局势发生了巨大变化。2011年，缅甸联邦巩固与发展党（Union Solidary and Development Party，简称"巩发党"）赢得选举上台执政，缅甸开始了民主改革进程。巩发党政府提出了改革框架，并在民主改革进程中采取多项发展措施。经济和私营部门的改革对劳动力部门产生了显著的影响。劳动力部门的改革始于法律、体制改革以及有关权利的问题。2016年，全国民主联盟（The National League for Democracy，简称"民盟"）政府上台后，继续完善劳动力政策和解决劳动力问题。两届政府都把经济发展列为优先事项，并把扩大就业视为经济发展和提高人民收入的关键。此外，随着民主改革进程的推进，劳工权利和劳工组织得到广泛承认。同时，缅甸政府优先发展数字化和包容性数字经济，以迎接第四次工业革命的到来。缅甸的目标是在第四次工业革命时期提升其工业和技术的数字化水平。不同部门间的数字跨越式发展既是缅甸政府的发展目标，同时也是一项充满挑战的任务。

缅甸人口相对年轻，未来劳动力市场潜力巨大。民主改革进程和劳动力市场的新动向带来了前所未有的挑战，缅甸一直努力迎接挑战以实现数字经济的发展。面对第四次工业革命，缅甸在劳动力部门和未来劳动力方面仍存在若干制约因素。在这种情况下，缅甸民主转型时期的劳动力部门及其面临的挑战非常值得关注与探讨。本文通过研究2011年民主改革以来缅甸劳动力政策的变化，从短期和长期两个角度分析缅甸劳动力面临的挑战以及发展前景，并提出政策建议。

## 一 缅甸劳动力概况

缅甸人口为5487万人，人口增长率为0.9%。按年龄组划分，0—14岁人口占27.0%，15—64岁人口占67.0%，65岁以上人口占6.0%。[1] 数据表明，缅甸劳动年龄人口占67.0%，而未来劳动力潜力巨大，14岁以下

---

[1] Department of Population, "Population", 2020, https://www.dop.gov.mm/en，登录时间：2020年9月2日。

的人口占27.0%。2018年劳动力参与率为64.9%。劳动年龄人口存在性别差异，在实际的劳动参与率中，男性的劳动参与占男性劳动人口的比例为85.6%，而女性的劳动参与仅占女性劳动人口的50.6%。男性就业机会广泛，25—49岁男性中有90.0%活跃在职场上。全国男性就业人数为2130万人，其中90.6%的就业领域涉及私营企业和农场，而政府公务员占7.3%，家族企业中的就业人数占私营企业总数的17.5%。

劳动年龄人口失业率为3.8%，城市失业率为10.7%，农村失业率较低，为7.5%。妇女比男性面临着更多的失业可能性。各邦和各地区失业率差异较大。若开邦（Rakhine State）失业率最高（10.4%），掸邦（Shan State）失业率最低（2.0%）。2014年的人口普查数据显示，青年失业率高达9.3%。此外，童工是缅甸的一个严重问题。10—17岁的儿童通常在农村地区工作，全国童工率为21.0%。童工率的地域差异很大，以掸邦最高（31.6%），钦邦（Chin State）最低（10.2%）。[1]

缅甸经济以农业为主，农业、林业和渔业就业人数占总人口的51.7%。农村人口占总人口的75.0%，主要在农业部门就业。其他就业行业包括批发和零售贸易、运输、服务和建筑业。[2] 由于农业收入低，而服务业、建筑业以及商业的就业机会越来越多，近年来，农业部门就业率逐渐下降。[3] 加上气候变化对农产品生产所产生的负面影响，曾在农村部门就业的劳动力转向其他行业寻找工作机会，于是就导致了大量的人口迁移。

人口迁移是影响缅甸劳动力市场的众多因素之一。人们因为教育和工作机会的差异而选择迁移。缅甸劳动力市场和生计来源有限，造成了劳动力在国内外市场上的迁移。根据2014年人口普查数据，缅甸有近1100万移民，其中，国内移民830万人，占移民总人口的80.0%，经联合国调整后的数据显示，国内移民超过1120万人，占缅甸总人口的23.0%。该数

---

[1] Department of Population, "2014 Myanmar Population and Housing Census: Policy Brief on Labour Force", Nay Pyi Taw: Ministry of Labour, Immigration, and Population, 2017, pp. 7 - 8.

[2] International Labour Organization (ILO), "Thematic Report on Labour Force", Nay Pyi Taw: Ministry of Labour, Immigration, and Population, 2017, p. 10.

[3] International Labour Organization (ILO), "Myanmar Employment and Environmental Sustainability Fact Sheets 2019", November 19, 2019, https://www.ilo.org/wcmsp5/groups/public/---asia/---ro-bangkok/---ilo-yangon/documents/publication/wcms_624758.pdf, 登录时间：2020年6月30日。

缅甸未来劳动力：2011年民主改革以来的政策和挑战

字显示，1/4的缅甸公民为了工作而在缅甸各邦和地区之间迁移，国内移民现象在年轻人中普遍存在。移民现象产生了许多积极的影响，比如增加汇款、完善社会网络、提高家庭收入和增加就业机会等，但同时也带来了一些负面影响，比如移民成本飙升、劳工权利得不到保障和社会问题频发等。①

经济和市场经济的改革举措极大地推动了民营企业的发展。缅甸企业达632家，80.0%以上的民营企业为中小企业。其中有制造业企业353家，零售业105家，其他服务业企业174家。② 尤其是在2011年后，随着对民营企业扶持力度的持续加大和投资的增多，轻工制造业与食品和服装业都得到了发展，成为国内的重要生产行业，并提供了大量的就业机会。制衣业提供了1.0%的就业机会，其大部分就业者是缺乏技能的年轻妇女。

自巩发党政府启动经济改革和投资促进政策以来，服务业取得了最为显著的发展，旅游、信息技术服务、银行、酒店和私立教育等服务业的增长率达到60.0%。缅甸政府鼓励外商投资于技术、通信和创新领域，发展具有高生产力和数字经济的核心产业，包括化工厂、炼油厂、电机、通信设备、电子设备、零配件和车辆制造。为实现现代技术和数字经济，政府支持外商投资经济特区发展高新技术产业和设施。③

在民主改革时期，由于政治改革、立法和劳工权利的改善，劳工权利和代表权变得更加重要。缅甸于2012年恢复了在国际劳工组织（International Labour Organization）中的成员资格，并出台了新的法律，为建立良好的就业关系和劳工组织铺平了道路。原有的劳动争议解决制度被取消。新的劳工组织发展明显，数量从2012年的635个增加到2014年的950个。在纠纷解决过程中，劳工非政府组织和律师参与到宣传和示威活动当中。然而，雇员和雇主对非政府组织和成为其成员资格的认知相当有限。与此

---

① Wendy Cunningham and Rafael Munoz, "Myanmar's Future Jobs: Embracing Modernity", World Bank, September, 2018, http://documents1.worldbank.org/curated/en/958621536141390299/pdf/129754-Myanmar-Future-Jobs-Main-Report-Final.pdf, 登录时间：2019年12月26日。

② World Bank, "Myanmar Economic Monitor: Anchoring Economic Expectations", December 2016, https://openknowledge.worldbank.org/handle/10986/25972, 登录时间：2019年12月26日。

③ World Bank, "Myanmar Economic Monitor: Anchoring Economic Expectations", December 2016, https://openknowledge.worldbank.org/handle/10986/25972, 登录时间：2019年12月26日。

中国—东盟劳动力

同时,自 2012 年以来,有关劳动关系和合法权益的劳工案件急剧增加。大多数案件是由于工资、加班、恶意解雇、年金和工作条件而引发的。有关劳工纠纷的示威活动频发,直到政府和工会深度参与调解才能得到平息。①

## 二 2011 年民主改革进程以来的劳动政策与改革

### (一) 巩发党政府的劳动政策与改革

巩发党政府制定了自 2011 年 3 月以来缅甸四个阶段的改革和发展规划。其面临的主要挑战之一是确保所有人享受到包容性增长所带来的经济机会,因此将创造就业机会列为其主要政策。政府进行了劳动法改革,实施了劳动力市场计划,建立了劳动权益、维权倡议以及纠纷解决机制。在民主改革中,政府放宽了对结社自由、劳工权利和公众舆论的限制。此外,吴登盛(U Thein Sein)总统施行的经济政策吸引了投资,拓宽了就业市场。这些渐进的变化推动了劳动部门的改善。因此,国际劳工组织于 2012 年 6 月恢复了缅甸的正式成员资格。② 随后,不同劳动部门加速开展了各种各样的国际劳动力改革合作。

吴登盛总统于 2013 年 1 月公布了经济和社会改革框架,以此来激发缅甸的短期和长期发展潜力。③ 该改革框架详细地阐述了劳动力和移民之间的关系。缅甸劳动部采取了多重战略,以应对就业和移民的双重挑战。劳动部在全国开设了 77 个就业中心,帮助青年和失业人口在国内外市场上寻找就业机会。劳动密集型工业和中小型企业的发展也创造了大量的就业机会。政府鼓励发展建筑业、食品生产加工业、矿产品、纺织品、家具、橡胶和塑料制品以及其他就业容量与国内需求相匹配的轻工业企业。但是,由于缅甸经济发展缓慢,实施的经济结构性改革和宏观经济政策调整并没能使经济得到实质性的改善,在最初几年里也没有为商业和劳动力市场创

---

① Eitra Myo, *Identifying Major Labour Policies Issues in Myanmar*, Tokyo: JILPT, 2017, pp. 4 - 8.
② "Reform Process in Myanmar is Rrreversible, Says ILO Expert", ILO News, November 16, 2012, https://www.ilo.org/global/about-the-ilo/newsroom/news/WCMS_ 193299/,登录时间:2019 年 6 月 20 日。
③ Ministry of National Planning and Economic Development, *Framework for Economic and Social Reforms (FESR)*, Nay Pyi Taw: Ministry of National Planning and Economic Development, January 2014, p. 25.

造更多的就业机会。部分国民远赴海外找到了工作机会。① 出国务工成为劳动力市场的趋势。

缅甸政府开始采取行动来解决移民问题，对赴周边国家务工的人员进行登记，这是一个历史性转折。它正在探索促进有效调动现有移民汇款的方式和方法，因为汇款可以直接影响缅甸境内移民亲属的减贫工作，同时，通过官方金融机构将这些资源转移，可以降低交易成本，提高汇率的稳定性。②

此外，在联合国机构和国际劳工组织的建议下，巩发党政府进行了劳动力政策改革。政府提出了缅甸劳动力市场治理方案，以应对劳工争端调解、工资问题、劳工权利和冗赘程序等问题。劳动力市场治理方案涵盖三个核心职能，对《劳动法》进行审查和改革，支持新法律的执行机构，以及培养主要劳动力市场参与者的知识和技能。该方案在一定程度上促成了《劳动法》的标准化、响应劳动争端调解机制、劳动标准法、全国三方对话论坛的运作、有效的定薪机构和资助组织的出现。③

在国际劳工组织和双边伙伴的支持下，缅甸劳动法改革措施对过时的法律进行审查，并制定新的法律。这些举措有助于解决工作时间和加班问题、工资问题和工作保障问题。涉及劳动法改革而修订的法律包括《劳工组织法》（2011 年）、《劳工争议解决法》（2012 年）、《最低工资法》（2013 年）、《社会保障法》（2012 年）、《工资支付法》（2016 年）、《商店和设施法》（2016 年）、《就业和技能发展法》（2013 年）、《工厂法》和《休假和假日法》（修订版）。

2012 年 3 月，《劳工争议解决法》颁布。该法涉及解决劳资冲突的程序和体制框架，取代了以乡镇、地区和中央各级"贸易争端委员会"为基础的非常有限的争端解决制度。根据新法律成立了五级委员会，分别为工作场所协调委员会、乡镇调解机构、州/地区仲裁机构、仲裁委员会和最高法院。新法律废除了《贸易纠纷法》，取消了上届政府的劳动争议解决

---

① Khin Maung Nyo, "Taking Stock of Myanmar's Economy in 2011", in Nick Cheesman, Monique Skidmore and Trevor Wilson eds., *Myanmar's Transition: Openings, Obstacles and Opportunities*, Singapore: ISEAS, 2012, p. 127.
② Ibid., p. 3.
③ International Labour Organization, "Labour Market Governance and Working Condition in Myanmar", 2014, https://www.ilo.org/yangon/areas/governance/lang--en/index.htm, 登录时间：2019 年 12 月 29 日。

制度。①

巩发党政府于 2011 年 10 月 11 日公布了《劳工组织法》。新法律规定了劳工组织的权利和义务，在部分规定中还引入了集体谈判和允许罢工等活动。该法允许雇主与员工组建平行组织。② 因此，各种工会和专门协会相继成立。例如，缅甸工商联合会（the United Myanmar Federated Chambers of Commerce and Industry）成立，成为缅甸最大的商业协会和关键雇主组织。同样，农民工会和农业工人工会也蓬勃发展。其中，缅甸渔业联合会（Myanmar Fishery Federation）是一个注册的、知名的渔业协会，致力于为所有渔业相关利益者争取权利。因此，新法律推动缅甸更加有效地设计和更好地实践雇佣关系，为集体谈判和劳动争议解决机制提供权利。③

## （二）民盟政府的劳动政策与改革

2015 年 11 月民盟在选举中获得压倒性胜利，于 2016 年 3 月成立民选政府。民盟主席昂山素季（Aung San Suu Kyi）当选为民盟政府国务资政和外长。她在 2011 年 2 月的达沃斯世界经济论坛（Davos World Economic Forum）上强调了劳工权利。民盟政府于 2016 年通过了新投资法，对劳动力市场产生了影响。此外，推出了缅甸可持续发展计划，以此作为转型和发展路线。可持续发展计划提出要建设五个目标和发展三大支柱产业。其中，第三个目标是创造就业机会和私营部门主导式增长，这表明提高劳动力水平是民盟政府的主要优先发展事项之一。民盟政府计划在扩大私营部门的同时创造高质量和数量的就业机会。中小企业部门被认为是创造就业机会的必要来源。在实现这一目标的同时，民盟政府还努力推动提高工业和服务业的创新能力，为数字经济做好准备，以提供高质量的就业机会，并推动经济结构转型。④

---

① Ministry of Labour, Immigration and Population, "Settlement of Labour Dispute Law", 2012, http：//www. mol. gov. mm/en/，登录时间：2016 年 8 月 6 日。
② Ministry of Labour, Immigration and Population, "Labour Organization Law", 2012, http：//www. mol. gov. mm/en/，登录时间：2016 年 8 月 6 日。
③ Ministry of Labour, Immigration and Population, "Drafting Process", 2018, http：//www. mol. gov. mm/en/，登录时间：2018 年 8 月 6 日。
④ Ministry of Planning and Finance, *Myanmar Sustainabled Development Plan* (2018 – 2030), Nay Pyi Taw：Ministry of Planning and Finance, 2018, p. 25.

缅甸未来劳动力：2011年民主改革以来的政策和挑战

民盟政府的愿景是通过改进缅甸的经济和劳动力市场以适应第四次工业革命发展的要求。民盟政府相信，年轻人可以通过培训来掌握应对第四次工业革命所需的工作技能，因为年轻人都有创新的天赋和对数字化的热衷。① 上一届巩发党政府通过与两个私营运营商的合作为缅甸移动网络的改善奠定了基础。由于移动网络和互联网服务的广泛使用，信息和通信技术得到发展。在2019年东盟商业与投资峰会上，昂山素季表示，缅甸必须尽一切努力来培训和提高缅甸劳动力的技能，并为能够在第四次工业革命中成为一个具有前瞻性、面向未来和赋权充分的国家做好准备。她强调，中小微企业是转型和创造就业的驱动力。② 2011年缅甸开始尝试发展中小微企业，经过两年的发展，数字经济在经济中的地位愈加重要。缅甸下一步的目标是创造一个包容性的数字经济。然而，工业部门仍然需要更多的劳动力，这就需要挖掘更多潜在的发展要素。③

## 三 缅甸劳动力面临的挑战

尽管巩发党政府和民盟政府都进行了劳动部门改革，但缅甸在劳动力方面仍然面临着重大挑战。有些是由于历届政府和社会政治制度的差异导致劳动力市场和政策扭曲而造成的结果，还有一些是现代化过程中出现的新挑战和全球化时代带来的影响。缅甸面临的主要挑战有立法和法规问题、技能短缺和人力资源短缺、童工问题以及在第四次工业革命中存在的其他制约因素。

第一个挑战是立法和法规问题。自殖民时期以来，劳动力法律框架中包括了各种各样的法规。有些法规早已过时，对解决问题毫无用处；有些从国际劳工标准上而言并不全面。这些法规正在受到审查，而有些法规仍在起草过程中。政府计划对与劳工权益和福利相关的法律进行改革，起草

---

① "Invest in Youth to Tackle the Challenges for Industry 4.0", *Global New Light of Myanmar*, July 20, 2019, p.1.
② "Case Study of A Late Comer, Myanmar 4.0", *Thai PBS World*, November 3, 2019, https://www.thaipbsworld.com/case-study-of-a-late-comer-myanmar-4.0, 登录时间：2019年12月29日。
③ Denny Fenster, "What Industry 4.0 Demands of Myanmar", *Irrawaddy*, May 24, 2019, https://www.irrawaddy.com/business/industry--4.0-demands-myanmar.html, 登录时间：2019年12月29日。

中国—东盟劳动力

了新的劳动权利法和制定了新的争端解决机制,但它们与实际案例的相关性不大。于是,劳工案件和纠纷数量不断上升,抗议活动近年来频繁发生。这些抗议活动造成了劳资关系紧张,影响了雇主和雇员的利益。

同样,社会保障法也旨在为工人及其家庭成员提供福利。社会保障计划和养老金计划仅覆盖3.0%的人口,不能覆盖全部劳动力。劳工群体对劳动力法律法规的了解和认识至关重要。[1] 由于立法和执法方面的缺陷,争议解决、劳动关系、合同、最低工资、不公平解雇以及罢工等主要问题仍未得到解决,这将给未来的劳动力带来严重的负面影响。

第二个挑战是劳动力市场上的技能短缺和人力资源短缺。技能短缺导致高技术产业生产力低下、合格熟练劳动力不足。这个问题是由教育和培训体系的质量造成的。在过去几十年中,职业技术教育和培训一直没有能够在提高劳动者技能方面发挥实质性作用。自2011年以来,政府致力于在发展规划和教育方面重振职业技术教育和培训。私营职业培训中心和地方非政府组织也提供了一定的培训,但是覆盖范围十分有限。由于受到资金和设施的限制,这项工作没有取得实质性进展。另一个问题是劳动管理人力资源的短缺。自决策权下放以来,乡镇一级官员负责合同审批、纠纷解决、劳动关系和社会保障等事项。一些官员缺乏对劳动规则、法律和程序的了解。这些基层行政人员直接接触雇主和雇员以及实际的劳动力市场。[2] 如果缺乏必要的技能和知识,这些行政人员就无法解决现有的问题和迎接未来的挑战。此外,外出务工导致高技能劳动力的人才外流。[3] 不断上升的移民趋势可能导致国内劳动力技能的短缺。

劳动力市场人力资源的另一个问题是技能和岗位不匹配。由于工作机会有限,部分毕业生需要从事低于其资质的工作。此外,还存在着一些专业人员从事与其本专业领域不相关的工作,而一些非技术人员却占据着需要高技能工作的现象。目前缅甸有120万人从事的工作要求低于其专业资质,而专业资质和技能与其岗位并不匹配的人数高达1200万人。[4] 从长远

---

[1] Eitra Myo, *Identifying Major Labour Policies Issues in Myanmar*, Tokyo:JILPT, 2017, pp.5-10.
[2] Eitra Myo, *Identifying Major Labour Policies Issues in Myanmar*, Tokyo:JILPT, 2017, p.11.
[3] Wendy Cunningham and Rafael Munoz, "Myanmar's Future Jobs:Embracing Modernity", World Bank, September, 2018, pp.157-158, http://documents1.worldbank.org/curated/en/958621536141390299/pdf/129754-Myanmar-Future-Jobs-Main-Report-Final.pdf,登录时间:2019年12月26日。
[4] Department of Population, "2014 Myanmar Population and Housing Census:Policy Brief on Labour Force", Nay Pyi Taw:Ministry of Labour, Immigration, and Population, 2017, p.1.

来看，这两种情况会造成技能与工作岗位的不匹配，最终造成人力资源的浪费。随着第四次工业革命的到来，缅甸经济的现代化和转型需要根据教育和技能匹配度来进行人力资源调配。因此，技能和岗位匹配问题不仅对现代化十分关键，而且对缅甸未来的劳动力市场也很重要。

童工问题是第三个挑战。有相当数量的10—17岁的童工在建筑、零售、食品等企业行业中工作。2015年的人口普查发现，劳动力市场上的童工高达170万人，占该年龄组的21.0%。他们可能是由于辍学或上不起学而不得不提前进入就业市场。童工造成了对儿童权利的侵犯、对劳动规范的破坏和对其劳动的剥削。此外，缅甸青年的失业率达9.2%，这可能与童工问题有关。没有接受过适当教育的童工比例很大，这对未来劳动力的技能要求产生了不利影响。[1]

第四个挑战是缅甸在第四次工业革命中存在的其他制约因素。缅甸政府计划提升其经济和工业水平，以更好地参与到第四次工业革命中。时任工业部部长的吴钦貌（U Khin Maung Cho）表示，在第四次工业革命中，缅甸只有实现自身更好的发展，才能够与区域发展相协调。国家领导人也意识到缅甸应该把重点放在数字化和革命性变革上。然而，缅甸数字化仍处于初级阶段，仍然面临着一些制约因素。[2] 关键制约因素是教育、工业和数字化发展问题。政府需要考虑与第四次工业革命要求相辅相成的教育体系和方法。工业和数字化的基础设施亟待改善。例如，电力问题尚需解决。缅甸需要探索如何将数字技术作为发展规划的中心平台。数字化跨越是国家发展的必由之路，高素质的人力资源开发是国家发展的关键。发展劳动力教育和技能培训，是决策者和领导者必须承担的任务。

## 结　论

缅甸经历了历史性的民主改革进程，一系列民主改革举措对国家经济社会发展产生了深远影响。按照国际劳工标准和规范进行的劳动力改革是

---

[1] Department of Population, "2014 Myanmar Population and Housing Census: Policy Brief on Labour Force", Nay Pyi Taw: Ministry of Labour, Immigration, and Population, 2017, pp. 1 – 11.
[2] Denny Fenster, "What Industry 4.0 Demands of Myanmar", *Irrawaddy*, May 24, 2019, pp. 1 – 3, https：//www.irrawaddy.com/business/industry – –4.0-demands-myanmar.html, 登录时间：2019年12月29日。

缅甸政府改革的首要议程之一。自2011年民主改革以来，缅甸两届政府在劳动政策和法律改革、创造就业机会、社会保障、争端解决机制以及劳动力权利和机构等方面所采取的措施均取得明显成效。缅甸政府认识到，数字化和现代技术对未来的发展和劳动力市场至关重要。缅甸愿意积极参与到第四次工业革命中，以保障就业、增加劳动力和促进经济发展。然而，缅甸未来劳动力仍然面临着四大挑战。

通过对政策改革与面临挑战的分析，本文提出以下政策措施：一是改革法律法规，加强立法和执政。要加快精简法律、消除矛盾、提高透明度、落实执行；二是要解决劳动生产率和技能劳动力问题。高技能劳动力的匮乏是生产和数字化进程中的一大障碍；三是要解决涉及劳动力的社会保障问题，有必要为工人的社会福利和养老金计划提供资金支持；四是要推进纠纷解决规章制度建设，改善劳动关系，需要采取政策措施，鼓励建立要素层面的对话，改进劳动规范，并对劳动力市场进行有效管理；五是要提升劳动力市场的人力资源水平，这是最关键的措施。应提供技能培训和适当的教育制度，以应对缅甸现有问题和未来劳动力的挑战。

在不久的将来，缅甸的劳动力市场会随着民主改革进程中的政治、经济和社会格局的变化而变化。政府和决策者需要考虑采取适当的政策和措施，以应对未来劳动力所面临的挑战。通过有效的政策、有效的管理和改善缅甸的人力资源，应对现有劳动力市场和未来劳动力市场所面临的挑战。

# Future Labour in Myanmar: Policies and Challenges since Democratic Reforms in 2011

*Khin Ma Ma Myo*

**Abstract** The objectives of the paper are to analyze policy changes in labour and to find out challenges of future labour in Myanmar since democratic reforms in 2011. The reform and new dynamics in labour market created unprecedented changes while Myanmar has been trying to overcome challenges to realize digital economy. Labour reform is one of the top agenda for reforms in line with international labour standards and democratic norms. Both USDP government and NLD governments took a series of measures in labour policy and law reforms, including job creation, social security, dispute settlement mechanism and labor rights and institutions. However, Myanmar has several constraints in labour market and future of labour force in facing the Fourth Industrial Revolution. The analysis pointed out that major challenges are legislation and regulation issue, skill shortage and human resource, child labour and constraints for Industrial Revolution 4.0. Nevertheless, there is no doubt that labour market in Myanmar will change in the coming years along with social, economic, and political landscapes in democratization process. Challenges for existing labour market and future labour could be tackled by efficient policies, effective management and improving human resource in Myanmar.

**Key Words**  Myanmar; Labour; Democratic Reform; Industrial Revolution 4.0

**Author**  Khin Ma Ma Myo, Department of International Relations, University of Yangon, Myanmar, Professor.

# 中国和东盟未来劳动力：来自新加坡的经验

［新加坡］钱继伟（著）　余俊杰（译）*

**【摘要】** 在数字经济发展的背景下，本文讨论了近年来技术变革对办公自动化的影响。伴随着人工智能技术的发展，数据替代劳动力成为重要的生产投入要素，劳动成本较高的国家也更易受劳动力市场冲击的影响。新加坡已适应人工智能领域的技术变革，利用该技术助力产业升级，并提出以"智慧国计划"为代表的国家发展战略，强调人工智能在新加坡未来发展进程中的重要性。与此同时，新加坡还提出终身学习、教育政策改革及劳动培训项目等多项政府计划以应对劳动力市场所遭受的冲击，这被视为政策制定者如何应对劳动力市场冲击的案例。

**【关键词】** 办公自动化　数字经济　劳动力市场　新加坡　劳动力培训　产业升级

**【作者简介】** 钱继伟，新加坡国立大学东亚研究所，高级研究员。

## 引　言

全球化与技术变革对世界多国劳动力市场产生影响。[1] 伴随着全球化水平在特定外包领域的不断提升，进口国从其他国家进口商品可能会冲击

---
\* 余俊杰，广西大学国际学院《中国—东盟研究》编辑部，责任编辑。
[1] C. Boix, *Democratic Capitalism at the Crossroads: Technological Change and the Future of Politics*, Princeton University Press, 2019, p. 33.

国内的劳动力市场。特别是当进口国由于劳动参与率及工资率等方面的原因而无法迅速调整劳动力市场时,情况会变得更加糟糕。例如,集中在美国中西部及东南部的制造业就业市场就曾因为中国在2001年加入世界贸易组织后遭受了冲击。[1]

除全球化之外,技术变革是冲击劳动力市场的另一个原因。[2] 当前,技术变革主要包括信息技术与数字化的兴起,以及人工智能领域的快速发展。技术变革使得很多工作环节实现自动化。办公自动化的广泛运用,使得一大批熟练蓝领、办事员及销售等工作岗位被取代。[3] 博尔哈斯（Borjas）和弗里曼（Freeman）通过2000年美国劳动力数据的分析,发现大量就业岗位被工业机器人所替代,而受教育程度较低的工人的工资水平呈下降趋势。[4]

本文将在把全球化对劳动力市场的影响视为既定的前提下,讨论技术变革下自动化技术对劳动力市场的影响。近年来的重大技术变革是以机器学习为核心的第二代人工智能技术的出现。机器学习就是通过利用大数据技术使机器在分类和预测上做出决策的方法。这一方法将对劳动力市场造成巨大影响,劳动力市场将根据自身对自动化技术的敏感度被进一步细分。在机器学习技术的运用下,数据将被视为生产投入,成为劳动力的替代（数据被视为劳动力）。[5] 同样,一些劳动力成本较高的国家的劳动力市场更易遭受负面冲击。

此外,本文还就技术革新背景下的政策应对进行了讨论。通过新加坡的案例分析,为承受技术冲击的劳动力市场上的决策者提供政策建议。伴

---

[1] D. H. Autor, D. Dorn, G. H. Hanson, "The China Syndrome: Local Labor Market Effects of Import Competition in the United States", *American Economic Review*, Vol. 103, No. 6, 2013, pp. 2121 – 68; D. H. Autor, D. Dorn, G. H. Hanson, "The Geography of Trade and Technology Shocks in the United States", *American Economic Review*, Vol. 103, No. 3, 2013, pp. 220 – 25.

[2] J. Mokyr, C. Vickers, & N. L. Ziebarth, "The History of Technological Anxiety and the Future of Economic Growth: Is This Time Different?" *Journal of Economic Perspectives*, Vol. 29, No. 3, 2015, pp. 31 – 50.

[3] D. Autor, "Why are There Still So Many Jobs? The History and Future of Workplace Automation", *Journal of Economic Perspectives*, Vol. 29, No. 3, 2015, pp. 3 – 30.

[4] G. J. Borjas, & R. B. Freeman, "From Immigrants to Robots: The Changing Locus of Substitutes for Workers", *RSF: The Russell Sage Foundation Journal of the Social Sciences*, Vol. 5, No. 5, 2019, pp. 22 – 42.

[5] E. A. Posner, & E. G. Weyl, *Radical Markets: Uprooting Capitalism and Democracy for a Just Society*, Princeton University Press, 2018, p. 232.

随着经济的快速发展，新加坡已跨入高收入国家行列。2019 年，新加坡的人均国内生产总值约为 65000 美元，而日本与韩国的人均国内生产总值仅为 40200 美元与 32000 美元。① 与其他高收入国家相似，新加坡的劳动力市场同样承受着技术变革所带来的冲击。

新加坡通过采取一系列政策举措，逐步适应技术变革对劳动力市场的冲击，特别是人工智能革命所造成的影响。新加坡通过实施"智慧国计划"，强调人工智能在未来经济与社会政策方面的重要性。此外，新加坡还实施了终身学习、教育政策改革及工人培训方案等一系列政府计划，为应对劳动力市场所面临的冲击做好准备。

本文主要包括四个部分的内容，第一部分与第二部分，将重点就数字经济发展中办公自动化的性质进行分析，第三部分详细分析新加坡应对自动化技术变革的相关举措，第四部分为结论。

## 一 技术变革：数字化与自动化

自动化，即生产活动由机器替代人工的过程，正逐步进入依托数字数据快速增长的数字化新时代。数字数据，作为机器可读数据，主要包括产业数据和交易数据，如销售量与消费者特征等。目前，制造业及服务业工作场所的自动化是通过网络连接软件应用与硬件，实现工作流程自动。②

近年来，由数字数据驱动的技术变革包括人工智能、第五代移动通信网络（5G）及云计算。根据国际数据资讯公司的预测，2020 年全球将增加 59 泽字节（ZB）的数据。

根据相关文献的解释，"技术性失业"是指由于技术变革冲击劳动力市场所造成的现象。③ 伴随着经济数字化的新一轮变革，工厂自动化水平显著提升。第一，机器人将广泛参与经济活动。借助第五代移动通信网络，本地的无线数字通信将迅速扩展，数控机床正得到广泛运用。同时第

---

① 世界银行数据库，https：//data.worldbank.org/indicator/NY.GDP.PCAP.CD，登录时间：2020 年 11 月 16 日。
② "How Workplace Automation Can Change Your Business", Computerisation, July 23, 2020, https：//www.computerisation.co.uk/can-workplace-automation-change-business/，登录时间：2020 年 10 月 29 日。
③ G. Standing, *Basic Income: And How We Can Make It Happen*, Penguin UK, 2017, p.230.

五代移动通信网络应用后,网络下载速度将超过每秒1千兆比特。依靠网络条件的大幅提升,机器人将能够更快地进行无线通信。

第二,机器学习作为新一代人工智能技术,或可在一些情况下承担非常规工作任务。第一代人工智能技术主要依靠建立逻辑规则进而做出决策,而机器学习则是基于统计预测实现决策。依托带有"训练组"标签的海量数据,机器学习算法能够在其他数据库中推断出数据模式。近年来,机器学习算法被广泛应用于面部识别及图像识别等领域。

第三,基于数字数据储存的激增,人工智能与云计算性能大幅提升。为生产制造进行数据录入属于非竞争性行为,这使得大量企业与政府机构能够不受限制地使用这些数据。① 而"云服务"则是指一个数据中心提供存储、计算及其他应用的租用服务,其中涉及人工智能领域,具体包括自然语言处理、语音识别、面部识别、知识图谱及智能推荐等。当前的人工智能主要由机器学习技术所驱动,机器学习是考虑如何实现通过复杂数据自动进行稳健预测。②

## 二 自动化对劳动力市场的影响

自动化技术对劳动力市场造成了几大重要影响。第一,短期内自动化技术将对劳动力市场产生显著冲击。技术变革给劳动力市场带来巨大的破坏,特别是在高收入国家,这种影响更为显著。因为较其他国家而言,高收入国家中劳动力成本可能会更高,③ 这就造成一些低技能工作岗位被机器所替代。通过表1可以发现在一些高收入国家中劳动需求的变化。

显然,从20世纪90年代至今(信息通信技术革命后),尽管消费在欧盟国家创造了5400万个工作岗位,但技术变革削减了超过168万个工作岗位,其中多数被替换的工作岗位为低技能岗位。同样,日本和美国也出现类似欧盟的工作岗位替代模式,即消费在创造大量工作岗位需求的同时,技术变革致使部分低技能工作岗位被替代。

---

① OECD, *Data-Driven Innovation: Big Data for Growth and Well-being*, OECD Publishing, 2015.
② Taddy, *The Technological Elements of Artificial Intelligence* (No. w24301), National Bureau of Economic Research, 2018.
③ W. D. Nordhaus, "Baumol's Diseases: A Macroeconomic Perspective", *The BE Journal of Macroeconomics*, Vol. 8, No. 1, 2018, p. 33.

表1    1995—2008年整体就业需求变化：根据技能类型（百万个岗位） （%）

| | 技能类型 | 就业净变化 | 失业原因 | | |
|---|---|---|---|---|---|
| | | | 技术 | 贸易 | 消费 |
| 欧盟 | 全部 | 26.3 | -16.8 | -11.4 | 54.4 |
| | 高技能 | 2.6 | -8.9 | -1 | 12.5 |
| | 中技能 | 14.4 | -5.1 | -3.9 | 23.4 |
| | 低技能 | -8.6 | -20.7 | -6.5 | 18.5 |
| 日本 | 全部 | -3.8 | -5 | -2.5 | 3.7 |
| | 高技能 | 4.1 | 3.5 | -0.4 | 1 |
| | 中技能 | -2.1 | -3.9 | -0.7 | 2.6 |
| | 低技能 | -5.9 | -4.5 | -1.4 | 0 |
| 美国 | 全部 | 17.8 | -29.8 | -8 | 55.6 |
| | 高技能 | 13.2 | -0.8 | -2 | 16 |
| | 中技能 | 5.5 | -24.2 | -4.7 | 34.4 |
| | 低技能 | -0.9 | -4.8 | -0.13 | 5.1 |

资料来源：B. Los, M. P. Timmer, & G. J. De Vries, "*The Demand for Skills 1995 - 2008: A Global Supply Chain Perspective*", OECD, 2014.

第二，劳动力市场的结构将发生改变（如表2所示），基于规则的工作岗位更易被机器所替代，然而一些需要人类抽象知识的工作岗位更具有弹性，且不太可能被机器所取代，因为机器无法执行那些需要机动性、判断和常识的工作任务。

表2    **被机器替代而消失的工作**

| | 基于规则的逻辑 | 模式识别 | 人工 |
|---|---|---|---|
| 种类 | 使用演绎规则的计算机编程 | 使用归纳规则的计算机编程 | 规则不明确及（或）无法获取必要信息 |
| 案例 | 计算基础收入所得税 | 语音识别 | 撰写诉讼案情摘要 |
| | 签发登机牌 | 预测贷款违约 | 搬送家具前往三楼公寓 |

注：从基于规则的逻辑到模式识别再到人工，程序难度不断增大。
资料来源：F. Levy, & R. J. Murnane, *Dancing with Robots: Human Skills for Computerized Work*, Washington, D. C.: Third Way NEXT, 2015, pp. 5 - 35.

第三，与很多历史先例类似，数字化世界下技术变革创造了一批新型工作岗位。尤其是从长期来看，劳动力市场将趋向于形成一种新均衡，新型工作岗位随之出现。[1] 在新技术与更高的收入水平的驱动下，新任务、服务、产品将被人们所创造。伴随着国民总收入水平的提升，人们对于产品与服务的需求进一步增加，在这种新需求的刺激下，劳动力需求进一步扩大。

第四，个体经营户的规模进一步扩大。基于新数字技术的运用，通信成本大幅下降。一些服务可基于云计算技术远程开展。类似优步（Uber）司机的个体服务者可通过手机应用与客户进行网络连接，这些技术的应用，大大丰富了个体经营户的规模。

## 三 新加坡政府针对办公自动化采取的相关举措

上文相关讨论表明，政府可围绕以下几个方面采取相关举措应对技术变革。第一，政策制定者可采取相关举措，提升工人的数字化素养，这样有利于相关行业的长期劳动力市场调整。第二，应大力开发人力资源，特别是承担非常规工作任务的相关人才。因为在非常规工作任务流程中，工作人员需要在工作过程中做出判断及与其他工作人员保持协作。第三，在工厂升级或自动化过程中，政府应制定相关政策，促进供应链上的雇员、雇主及企业等主要参与者之间的沟通与协调。

与其他高收入国家类似，新加坡的劳动力市场结构正逐步向以服务业不断扩大且制造业不断缩水的方向发展。从 2000 年开始，新加坡的实际工资年增长率下降（2003 年至 2010 年的实际工资年增长率为 1.1%）。[2] 与此同时，随着国外劳动者的进入，近年来，新加坡国内的体力劳动者得以增加。[3]

---

[1] J. Mokyr, C. Vickers, & N. L. Ziebarth, "The History of Technological Anxiety and the Future of Economic Growth: Is This Time Different?" *Journal of Economic Perspectives*, Vol. 29, No. 3, 2015, pp. 31–50.

[2] M. T. Yap, and C. Gee, "Singapore's Demographic Transition, The Labor Force and Government Policies: The Last Fifty Years", *The Singapore Economic Review*, Vol. 60, No. 3, 2015, 1550035.

[3] E. F. Pang, and L. Y. Lim, "Labor, Productivity and Singapore's Development Model", *The Singapore Economic Review*, Vol. 60, No. 3, 2015, 1550033.

为此，新加坡政府围绕上述几个方向采取相应举措，以应对技术变革对劳动力市场的冲击。鉴于新加坡国内劳动力市场的现状，新加坡为应对劳动力市场面临的冲击所采取的措施主要包括两方面。针对人工智能与自动化技术引致的挑战，新加坡为遭受劳动力市场冲击的工人提供全面的培训计划。具体来说，一方面新加坡通过实施"智慧国计划"，适应经济数字化发展。另一方面，新加坡政府采取以"技能创前程计划"（Skills Future）为核心的应对政策，为劳动者提供劳动技能培训，帮助他们作为技术辅助人员参与自动化生产过程。

与其他国家遭受的劳动力市场冲击相比（详见表1），新加坡为应对劳动力市场的冲击所采取的举措取得了相当成效。近年来新加坡劳动力市场的稳定表现，可以证明新加坡政府所采取的应对举措的有效性。

第一，近年来劳动参与率屡攀新高（如图1所示），新加坡居民[①]的劳动参与率从2009年的65.4%增长至2019年的68.0%。同时，近年来失业率保持稳定（详见图2），劳动收入中位数（月度）从2009年的2927新元增长至2019年的4563新元（新加坡人力资源统计年鉴2020）。

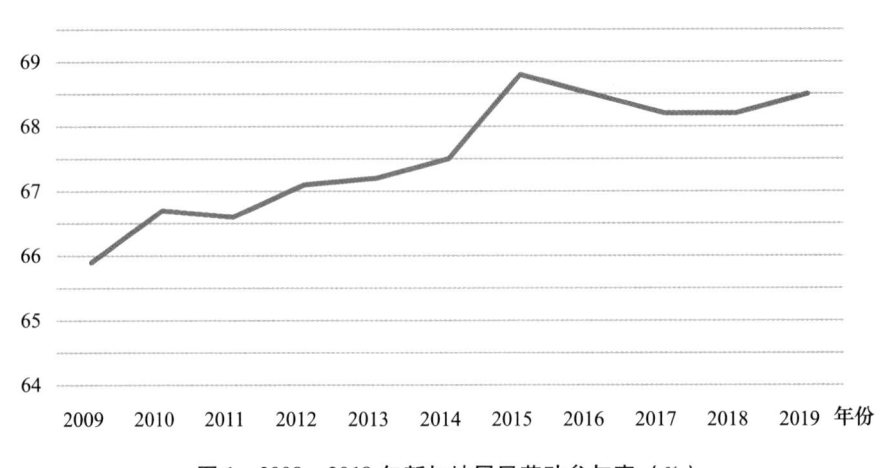

**图1 2009—2019年新加坡居民劳动参与率（%）**

资料来源：新加坡人力资源统计年鉴。

---

① 包括新加坡公民与永久居民。

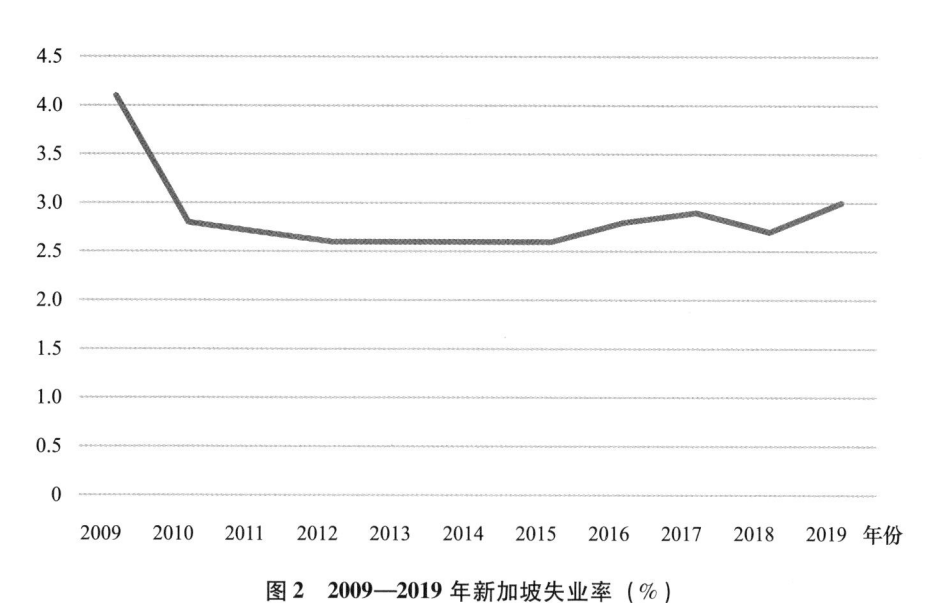

图 2 2009—2019 年新加坡失业率（%）

资料来源：新加坡人力资源统计年鉴。

第二，新加坡劳动力市场的结构变化正顺利推进，制造业领域的就业人数占总就业人数比例从 2009 年的 17.0% 下降至 2019 年的 13.0%（详见图 3）。同时，服务业领域的就业比例从 2009 年的 70.0% 上升至 2019 年的 74.0%。

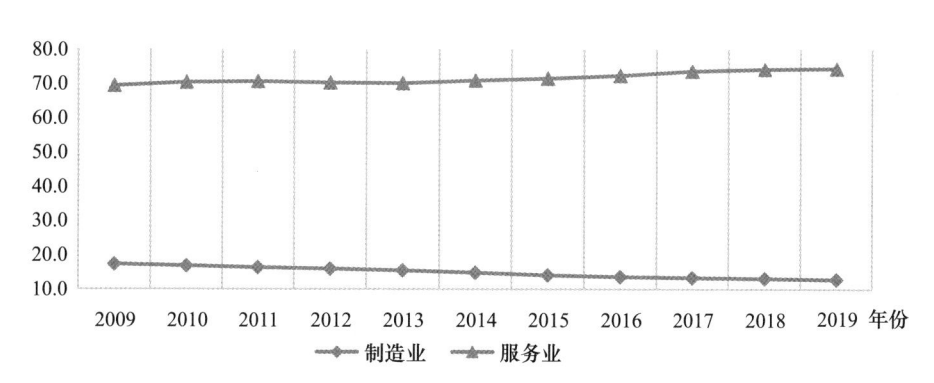

图 3 2009—2019 年新加坡制造业/建筑业与服务业就业人员
（占就业总数的%）

资料来源：新加坡人力资源统计年鉴。

## 四　新加坡的人工智能战略

2014年，新加坡正式启动"智慧国计划"，该计划主要包括社会、经济与政府的数字化。其中，作为"智慧国计划"建设的核心，即国家人工智能战略。2019年，新加坡发布国家人工智能战略，制定行动计划与日程，确定了人工智能在智慧国战略中的核心地位。[①] 该战略具体包括人工智能应用、人工智能相关研发活动以及产业界与研究结构的协作关系等。

在"智慧国计划"中的数字经济维度方面，尤其突出了数据与人工智能的联系，数据规模呈指数式增长，从2007年至2017年新加坡的移动数据增长了300倍。"智慧国计划"旨在利用人工智能技术为企业带来便利并提高效率。伴随着数字化与自动化技术变革在新加坡商业领域的推进，数字化与自动化技术在中小企业中的应用进程不断加速。

为帮助中小企业实现数字化，新加坡政府于2017年4月提出中小企业数字化计划[②]，基于该计划，新加坡政府将为企业提供如何利用数字化方法完成下单、支付及供应链管理等工作任务。奥特尔（Autor）认为，一些日常任务更有可能由机器完成，同时有利于提升效率。[③] 2017年5月，新加坡政府提出新加坡国家人工智能计划，以促进新加坡的人工智能应用与研究。[④]

同时，新加坡基于"智慧国计划"与其他国家开展合作，2018年，东盟成员国共同成立东盟智慧城市网络，旨在就如何在东盟地区不同国家与城市间运用人工智能与数字化技术解决地区问题提供合作平台。[⑤] 东盟智

---

[①] "Singapore Unveils New Strategy Aimed at Developing AI Ecosystem", *The Business Times*, November 13, 2019, https://www.businesstimes.com.sg/technology/sff-x-switch-2019/singapore-unveils-new-strategy-aimed-at-developing-ai-ecosystem, 登录时间: 2020年11月14日。

[②] 新加坡资讯通信媒体发展局，https://www.imda.gov.sg/programme-listng/smes-go-digital, 登录时间: 2020年8月14日。

[③] D. Autor, "Why are There still so Many Jobs? The History and Future of Workplace Automation", *Journal of Economic Perspectives*, Vol. 29, No. 3, 2015, pp. 3–30.

[④] 新加坡人工智能官网，https://www.aisingapore.org/, 登录时间: 2020年8月14日。

[⑤] 新加坡智慧国计划官网，"Transforming Singapore through Technology", https://www.smartnation.gov.sg/why-Smart-Nation/transforming-singapore, 登录时间: 2020年8月14日。

慧城市网络也成为 2018 年新加坡担任东盟主席国期间期待达成的主要成果。①

## 五 新加坡应对劳动力市场冲击的政策

新加坡针对技术变革下的劳动力市场所采取的应对举措，主要聚焦于扩大人力资本积累。② 为此，面向工人群体，新加坡政府重点开展培训项目与终身学习进行人力资本积累。面向年轻群体，新加坡政府则认为教育系统是加强人力资本积累的核心。

新加坡在联合国开发计划署的人类发展指数排名中位居前列，这一指数主要用于衡量教育与医疗及经济发展水平。新加坡政府强调终身学习与教育在应对技术变革中的重要作用。

教育作为应对技术变革的重要政策之一，③ 技术变革的迅速推进，将进一步激发劳动力市场对受教育劳动力的需求。教育供应的增长与技术变革所引致的受教育劳动力需求增加形成"竞争"之势。为此，新加坡政府在教育领域拨出占比较大的政府预算，教育财政支出由 2007 年的 750 万新元增长至 2018 年的 1280 万新元，增长幅度超过 70.0%。④

20 世纪 80 年代之前，新加坡政府在教育方面的财政预算主要集中于基础教育，重点培养学生包括英语、材料及科学等方面的基础技能。而新加坡政府确定这一财政预算政策符合当时制造业大幅扩张下的劳动力需求。⑤

20 世纪 80 年代后，新加坡的教育政策倾向于高等技术与工程教育，

---

① Singapore Ministry of Foreign Affairs, "Chairman's Statement of the 32nd ASEAN Summit", April 2018, https://www.mfa.gov.sg/Newsroom/Press-Statements-Transcripts-and-Photos/2018/04/20180428，登录时间：2020 年 11 月 14 日。
② S. A. Lee, & J. Qian, "The Evolving Singaporean Welfare State", *Social Policy & Administration*, Vol. 51, No. 6, 2017, pp. 916 – 939.
③ C. D. Goldin, & L. F. Katz, *The Race between Education and Technology*, Harvard University Press, 2009.
④ 新加坡 2020 年预算案官网, "Government Spending on Education and Healthcare", https://www.singaporebudget.gov.sg/budget_2020/about-budget/budget-features/govt-spending-on-education-and-healthcare，登录时间：2020 年 8 月 14 日。
⑤ A. A. Pereira, "Manufacturing Human Resources: The Role of the Social Investment State", *Social Policy in Post-Industrial Singapore*, 2008, pp. 121 – 144.

2010年后，新加坡技术教育学院与科技专科学校的学生注册人数仍较为稳定（详见图4），而在有助于提升学生的综合工作技能的大学教育中的学生注册人数大幅上升。

如图4所示，近年来大学招生人数持续增长，大学入学政策也发生了变化。2014年，适龄人口在国内大学中的入学率为26.0%，新加坡政府计划于2020年将该比率提升至40.0%。换言之，在适龄人群中，10个人中有超过4位将在国内大学攻读学位。[①] 伴随着大学毕业生比例的大幅增加，未来新加坡劳动力市场应对非常规工作的能力将进一步提升。

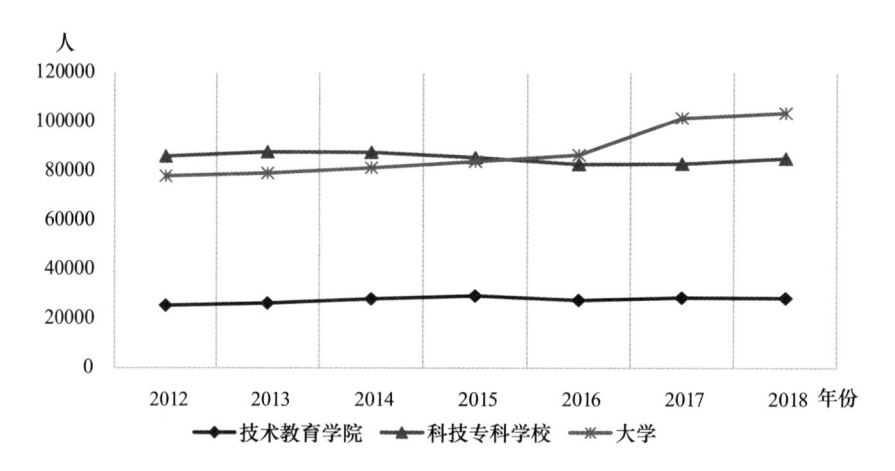

**图4 2012—2018年新加坡技术教育学院与科技专科学校与大学招生人数**

资料来源：由新加坡统计年鉴数据整理而成。

在教育方面，新加坡与其他发达国家相比表现依然优异。根据经济合作与发展组织对国际学生评估项目测试结果，新加坡学生在阅读、数学及科学方面的表现优异。2015年，在经济合作与发展组织的国际学生评估项目测试结果中，新加坡在72个国家中位列第一。[②]

此外，新加坡的另一应对举措是为工人提供终身学习机会。例如，新加坡建立的职业技能资格系统，作为国家继续教育与培训系统，职业技能

---

① "40% of Each Cohort to Get A Shot at Local Universities", *The Straits Times*, August 27, 2012, https://www.straitstimes.com/singapore/40-of-each-cohort-to-get-shot-at-local-universities，登录时间：2020年11月14日。

② OECD, "Programme for International Student Assessment (PISA)", http://www.oecd.org/pisa/，登录时间：2017年1月21日。

资格系统还提供一系列培训项目,包括从职业培训证明到硕士文凭,为受雇工人提供技能提升机会。如图5所示,大批工人在职业技能资格系统下获得培训,获培训总人数由2011年的19.2万人增长至2019年的32.2万人。

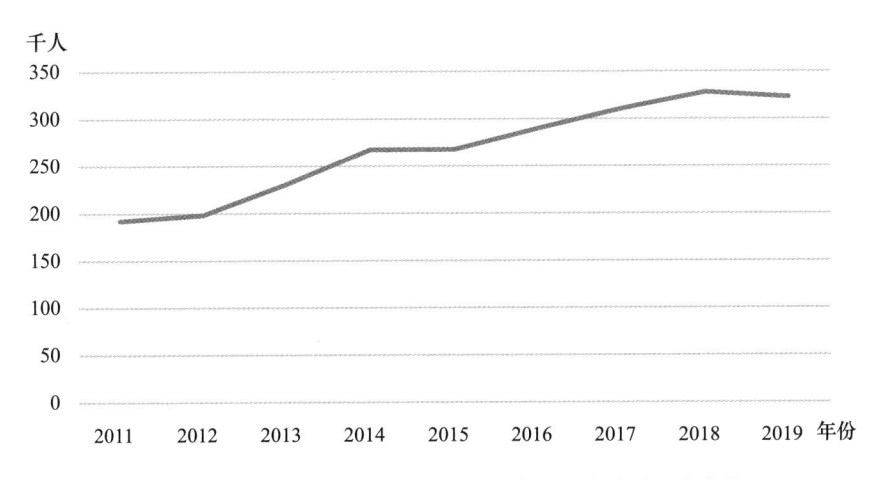

**图5 2011—2019年新加坡职业技能资格系统培训工人人数**

资料来源:新加坡人力资源统计年鉴。

此外,2015年,新加坡提出"技能创前程计划",作为全体新加坡人提升技能的另一方案。2019年,新加坡副总理尚达曼(Tharman)指出,"技能创前程计划"是新加坡长期实施的重要经济社会发展战略。[1]

2020年新加坡"技能创前程计划"规定,若由新加坡劳动力发展局资助的课程,超过40岁的新加坡人将获取90.0%的课程补贴,其中多数课程由新加坡国内高等教育机构提供。在"技能创前程计划"下,超过25岁的新加坡公民参加预先批准的课程可获得500新元的补贴。[2] 目前,该

---

[1] "Singapore Can be World Leader in Cultivating Lifelong Learning, Says Tharman Shanmugaratnam", The Straits Times, April 25, 2019, https://www.straitstimes.com/politics/singapore-can-be-world-leader-in-cultivating-life-long-learning-says-tharman-shanmugaratnam,登录时间:2020年8月14日。

[2] "Singapore Budget 2020: $500 Skills Future Credit Top-up for Singaporeans Aged 25 and Above", The Straits Times, February 18, 2020, https://www.straitstimes.com/singapore/singapore-budget-2020-skillsfuture-credit-top-up-of-500-for-singaporeans-aged-25-and-above,登录时间:2020年8月14日。

课程列表包括超过8000个项目，主要由大学、技术教育学院与科技专科学校承担教学任务。① 例如，2015年，新加坡国立大学启动继续与终身教育学院面向工作的成年人进一步扩大培训规模。2018年，在新加坡229万就业者（公民）中，有46.5万新加坡人通过"技能创前程计划"获得学习机会。②

同时，与数字经济相关的技能均在教育政策与未来技能培训计划中受到重视，信息与通信技术教育也在各级别学校中突出出来。新加坡在"技能创前程计划"下提出多项倡议以强化新加坡劳动力的数字素养。③

在新冠肺炎疫情暴发后，新加坡再次提出多项计划，帮助受疫情影响的企业员工开展数字技能培训，以适应疫情引致的劳动力市场波动。2020年3月，新加坡政府推出"新心相连技能提升计划"（SG United Skills Programme），该计划旨在为新加坡劳动力提供更多的培训机会与空缺岗位。例如，"新心相连技能提升计划"资助了大量优秀课程，并为受训人员每月提供1200新元的补贴，可覆盖基本生活费用。④

## 六 讨论与结论

近年来，伴随着大量发达国家国际化进程的推进，人口老龄化、收入不平等及经济结构性转变深刻影响着社会经济变革，劳动力市场深受这些社会经济变革的影响。⑤ 在数字时代，技术变革尤其是人工智能技术日新月异，5G技术的出现使得自动化技术更可能得以运用。而作为新一代人工

---

① Skills Future, "Skills Future Credit", https://www.skillsfuture.sg/Credit, 登录时间：2020年8月14日。

② "Choosing the Right Education for Lifelong Learning", Today Online, March 23, 2019, https://www.todayonline.com/singapore/choosing-right-education-lifelong-learning, 登录时间：2020年8月14日。

③ Singapore Ministry of Education, "Learn for Life—Ready for the Future: Refreshing Our Curriculum and Skills future for Educators", https://www.moe.gov.sg/news/press-releases/learn-for-life - - ready-for-the-future - - refreshing-our-curriculum-and-skillsfuture-for-educators, 登录时间：2020年8月14日。

④ Skills Future, https://www.skillsfuture.sg/sgunitedskills, 登录时间：2020年11月14日。

⑤ T. Iversen, and A. Wren, "Equality, Employment, and Budgetary Restraint: The Trilemma of the Service Economy", *World Politics*, Vol. 50, No. 4, pp. 507 – 546. P. Lindert, and J. Williamson, *Unequal Gains: American Growth and Inequality since 1700*, Princeton University Press, 2017.

智能技术的代表，机器学习技术将代替工厂中的大量非常规工作。同时伴随着数据存储的增加，将有助于发挥数字技术在促进经济高产高效发展中的作用。

劳动力市场遭受的短期破坏、劳动力市场结构的变化及劳动力需求的长期变化是自动化技术影响劳动力市场结构性变动的三大主要机制。

新加坡作为一个小型的开放经济体，常受到技术变革与全球化所带来的影响。新加坡政府针对技术变革带来的不利影响所采取的政策正发挥着作用，使得劳动力市场表现稳定。同时，近年来，新加坡失业率较低且劳动参与率与工资率提升。新加坡的劳动力政策与李（Lee）和钱（Qian）[①]所讨论的福利国家的情况相一致，在过去几十年内，新加坡的福利政策在追求社会保护的政策目标的同时亦遵循着经济增长战略的实施需要。

新加坡基于"智慧国计划"，通过适应数字革命的需要，以应对劳动力市场所遭受的冲击。新加坡政府还进一步实施"技能创前程计划"，以支持国内劳动力获取一系列技能，从而作为自动化生产流程的补充，加入生产环节。新加坡将一以贯之的从该政策角度应对劳动力市场的波动，并将在新冠肺炎疫情暴发后继续实施相关政策。

从长期来看，如何利用政策应对全球化所带来的冲击是另一个问题，未来全球供应链的变化将改变劳动力市场结构。当全球化与技术变革两者进一步结合后，设想这种冲击对劳动力市场的影响就变得更为有趣了。越来越多的商品与服务贸易将实现数字化，全球供应链交易也将通过数字化途径得以开展。在此变化过程中，劳动力市场所遭受的冲击还需进一步评估，政策制定方也需要参与其中。

# Future of Labor in ASEAN and China: Experiences from Singapore

*Qian Jiwei*

**Abstract**  This paper discusses the implication of workplace automation re-

---

[①] S. A. Lee, & J. Qian, "The Evolving Singaporean Welfare State", *Social Policy & Administration*, Vol. 51, No. 6, 2017, pp. 916 – 939.

sponding to recent technological changes in the context of the digital economy. With Artificial Intelligence (AI) technology, data could be considered as a production input as a substitute to labor. Also, countries with higher labor costs are more likely to expose to adverse shocks to the labor market. Singapore is considered a case of how policymakers can respond to the adverse shocks to the labor market. Singapore has accommodated the technological change in AI technology to support industry upgrading. National development strategies such as the Smart Nation have highlighted the importance of AI in the future. In the meantime, Singapore also has provided several government programs to prepare for the labor market shocks. These programs include lifelong learning, education policy reform, and workers training schemes etc.

**Key Words** Workplace automation; Digital Economy; Labor market; Singapore; Labor training; Industry upgrading

**Author** Qian Jiwei, East Asian Institute at National University of Singapore, Senior Research Fellow.

# "中国制造2025"推动农业技术塑造中国劳动力

［泰国］苏帕坤·坤隆（著）　陈园园（译）*

**【摘要】**"中国制造2025"是一项旨在通过数字化实现中国工业现代化的倡议。在十年内，这一综合战略将重点关注主要战略领域的智能制造，其目标是使中国在高科技产业方面迈入全球制造强国行列。随着数字化时代的到来，中国在政府管理、商业和日常生活中广泛应用技术。数字化的发展将会推动消费，反过来又会对农业提出更高的要求，推动从农场到市场前沿的各种技术的应用。通过"中国制造2025"，农业技术发展对中国农业生产力的增长起到了重要的推动作用，这些技术的应用最大限度地激发了生产过程的潜力，催生了各种各样的优质衍生品。近年来，中国数字经济在快速扩张的同时，创造了新的就业机会，但也带来了潜在的风险，并扰乱了部分行业的就业。随着新技术和新型商业模式的出现，"中国制造2025"给传统农业劳动力带来了新的挑战和机遇，低技能的农民即将被市场淘汰。面对这种情况，中国通过技术提高工人生产力和鼓励工人提高技能或获得新技能。中泰两国的合作可以发挥重要作用，最大限度地发挥农业部门数字化的效益，同时帮助将农村地区劳动力的相关风险降至最低，让劳动力更好地适应智慧农业的要求。中泰双方可以共同推动劳动力技能培训，加强未来人力资源合作。

**【关键词】**中国制造2025　农业技术　劳动力

---

\* 陈园园，广西大学国际学院《中国—东盟研究》编辑部责任编辑。

**【作者简介】** 苏帕坤·坤隆（Suppakorn Khonkhlong），泰国皇太后大学汉学学院，讲师。

# 引 言

  2015年，中国国务院总理李克强首次提出"中国制造2025"的宏大计划，旨在实现中国工业现代化。"中国制造2025"的英文译名为"Made in China 2025"，它体现了中国工业现代化的目标。该计划由中国工业和信息化部提出，由中国工程院150名专家历时两年半制定而成。这是中国政府实施制造强国战略的第一个十年行动纲领，旨在将中国从制造业巨头转变为世界制造业强国。其目的是减少外国技术进口，并投入大量资金进行技术创新，以创建在国内外市场上具备竞争力的中国企业。在"中国制造2025"的十大重点产业中，农业设备和农业技术是重中之重，数字化将有助于产业发展，为农业这一复杂产业创造新的未来。

  在农业部门，"中国制造2025"注重品牌和产品质量，以期通过新设备和新技术实现国际推广和提升国际竞争力。"中国制造2025"有利于相关的农业产业和企业发展，也有助于缓解劳动力成本上升、农业生态污染、资源有限、产能过剩等问题所造成的影响。随着现代农业设备和技术的出现，如今的农业与以往相比更像是一门科学。提高生产力、效率和可持续发展已经成为农业发展的出路。然而，提高农业设备收集信息、智能决策和精确操作的能力，可能会给农业部门的劳动力带来新的挑战。

  简言之，随着更多由人工智能驱动的机器人进入农业领域，人工智能、机器学习、物联网和云计算等现代技术有望推动农业的发展。在"中国制造2025"的指导思想下，农业设备和农业模式最终将实现数字化。智能设备和技术以多种方式帮助农民提高农场收成和收入。然而，在考虑投资于智慧农业时，农民面临着一系列不同的挑战，尤其是劳动力挑战。为了开发全数字化的农业解决方案，农场主和农民必须学会减少对手工劳动的依赖。最近，泰国正在将物联网技术应用于农业，政府试图鼓励泰国农民将数字技术作为其农业经营的一个组成部分。从中国农场主和农民身上学到的经验，可以为泰国农民创造交流知识的平台，成为泰国农民组织全面整合的智能农民社区的跳板。

## 一 十年纲领"中国制造2025"

"中国制造2025"是一项旨在推动创新驱动发展的复杂方案和政策。中国从发展进程的新视角提出这一政策,在基础设施方面投入了大量资金,以期推动中国更早更快地将工业系统与互联网结合起来。这一政策将帮助中国提升效率,跳过发达国家经历的"工业2.0"和"工业3.0"阶段,直接进入"工业4.0"阶段。[1]"中国制造2025"是第一个将中国从制造业巨头转变为世界制造业强国的十年行动计划。[2]

### (一)"中国制造2025"总体结构

"中国制造2025"可以概括为"一、二、三、四、五五、十"的总体结构。

"一",是指从制造业大国向制造业强国转变,最终实现制造业强国的目标;"二",是指通过两化(信息化和工业化)融合发展来实现这一目标;"三"是要通过"三步走"的战略,自2015年起大体上每一步用十年左右的时间来实现从制造业大国向制造业强国转变的目标(见表1)。

"四",是指在四项原则的基础上提出"中国制造2025"。第一项原则是市场主导、政府引导;第二项原则是既立足当前,又着眼长远;第三项原则是全面推进、重点突破;第四项原则是自主发展和合作共赢。

"五五",就是有两个"五"。第一个"五"是指五条政策方针,即创新驱动、质量为先、绿色发展、结构优化和人才为本;第二个"五"是指实行五大工程,包括制造业创新中心建设工程、强化基础工程、智能制造工程、绿色制造工程和高端装备创新工程。

"十"是指十大领域,包括新一代信息技术产业、高档数控机床和机器人、航空航天装备、海洋工程装备及高技术船舶、先进轨道交通装备、

---

[1] Victoria Mio, "Made in China 2025: Opportunities and Challenges", Fundssociety, October 9, 2015, https://www.fundssociety.com/en/opinion/made-in-china-2025-opportunities-and-challenges,登录时间:2020年8月5日。
[2] "Made in China 2025 to Focus on Ten Key Sectors", People's Daily Online, May 22, 2015, http://en.people.cn/n/2015/0522/c98649-8895998.html,登录时间:2020年8月5日。

节能与新能源汽车、电力装备、新材料、生物医药及高性能医疗器械、农机装备十个重点领域。

"中国制造2025"致力于让中国迈入全球高科技产业强国行列。中国试图减少外国技术进口，并对技术创新进行大力投资，以创建在国内外市场上具备竞争力的中国公司。① 中国将这一政策的实施视为全面融入全球制造产业链、与工业化经济体开展更有效合作的机会。

在中国经济增速放缓之际，对新兴产业和技术的支持与鼓励是维持和提升经济增长的必要手段。例如，在新的工业革命背景下，追求智能制造进步是确保未来竞争力的关键。②

### （二）"中国制造2025"与德国"工业4.0"

"中国制造2025"与德国"工业4.0"计划有许多相似之处。德国于2011年首次提出并于2013年通过"工业4.0"计划。该计划提倡德国利用物联网，将中小企业更有效地与全球制造业和创新网络联系起来，使它们不仅能够更高效地参与大规模生产，而且能够尽可能高效、顺畅地生产符合消费者需求的商品。德国提出以智能制造为主导的"工业4.0"，旨在保持世界制造强国地位，而中国提出的"中国制造2025"，旨在改变其制造业"大而不强"的现状。③ 两者都是产业战略转型升级的一部分，并为现代化、网络化、智能化提供技术支撑，在目标与策略上有许多相似之处。与德国"工业4.0"相比，"中国制造2025"更为具体地突出了重点产业，即利用新兴技术和工业互联网大数据助推十大重点产业的发展。

---

① James McBride and Andrew Chatzky, "Is 'Made in China 2025' a Threat to Global Trade?" Council on Foreign Relations, May 13, 2019, https：//www.cfr.org/backgrounder/made-china-2025-threat-global-trade，登录时间：2020年8月5日。

② Elsa B. Kania, "Made in China 2025, Explained A Deep Dive into China's Techno-Strategic Ambitions for 2025 and Beyond", The Diplomat, February 1, 2019, https：//thediplomat.com/2019/02/made-in-china-2025-explained/，登录时间：2020年8月5日。

③ Lele Wang, "Comparative Research on Germany Industrie 4.0 and Made in China 2025", *The Proceeding of 2$^{nd}$ International Conference on Humanities and Social Science Research*, 2016, pp. 27-30.

表1　"中国制造2025"与德国"工业4.0"目标和策略对比

| "中国制造2025" | 德国"工业4.0" |
|---|---|
| 目标 ||
| 1. 到2025年，中国制造业迈入制造强国之列<br>2. 到2035年，中国制造业整体达到世界强国中等水平<br>3. 到2049年，中国制造业综合实力迈入世界制造强国前列 | 1. 提升德国的全球竞争力<br>2. 保持德国制造业的领先水平 |
| 策略 ||
| 1. 体制改革；营造公平竞争的市场环境<br>2. 金融支持；财税政策支持；建设更加开放的制造业<br>3. 扶持中小企业，优化组织机制 | 1. 企业建立全球信息中心物理系统<br>2. 通过价值网络进行横向整合；构建贯穿整个价值链的端到端网络<br>3. 过程数字集成；建立垂直集成和网络化制造系统 |

如表1所示，"工业4.0"的目标是引领第四次工业革命，并确保德国制造业未来始终处于领先地位，而"中国制造2025"计划通过30年的努力，使中国成为世界制造强国。在中国现代化和工业化进程中，劳动生产率低和能源消耗率高。在"中国制造2025"的指导思想下，以大数据为特征的中国产业革命正在形成提高生产力水平的新生产模式。中国正在大力投资大数据技术，以帮助其他创新型行业的发展。中国政府提出的"中国制造2025"计划正在引导中国向研发方面进行投资，以大规模推动创新。

## 二　"中国制造2025"下的智慧农业

### （一）技术应用推动农业转型

中国对农业技术的大量投资使得供给和基础设施能够满足需求，而"中国制造2025"推动了农业和技术的融合。使用人工智能是农民简化操作、提高效率和确保可持续性的一种方式。阿里巴巴推出了ET农业大脑程序。[①] 这个应用程序是一个巨大的云计算基础设施，它可以以数字方式

---

① Barry He, "China Paving the Way in Agricultural Technology", *China Daily Europe*, December 9, 2018, http://www.chinadaily.com.cn/kindle/2018-12/09/content_37377116.htm, 登录时间：2020年8月5日。

生成农作物产量记录并调节生产周期。这个应用程序减少了管理时间，提高了农业项目的质量和能力，有助于农业生产过程的自动化。"中国制造2025"的目标是降低大规模生产成本，并在创新方面取得进展，以确保国家粮食安全，并给予农民更大的经济自由。降低成本上限可以增加利润，随着人工智能的进步和在其他领域的合作，这个目标正在成为现实。中国农科院发布的报告显示，在培育优质农作物品种、食品加工、自动化车辆、节水、治污、废弃物回收和生态修复与保护等领域已经采用了包含人工智能在内的关键技术。在未来几年里，这些技术的应用将显著改变中国农业的发展方向。

因此，农业设备生产可以帮助中国对生产过程进行控制。在"中国制造2025"中，中国将目标专注于制造农业设备上。随着农业机械装备的发展，"中国制造2025"计划集中生产、种植玉米、棉花、油糖等主食作物，以及生产育种、耕作播种、种植、修理、收获、运输和储存战略性商品作物所需的先进农业机械。此外，这项政策的重点是制造高端农业设备，如大型拖拉机和双工机器及软件，以及高端农业机械，如充分混合收割机及其关键零部件。最后，提高农机收集信息、智能决策和精确操作以及开发农业全数字化解决方案的能力。

## （二）智慧农业的应用

智慧农业将现代信息和通信技术与传统农业实践相结合，以提高农产品的质量和数量。通过智慧农业的应用，农民可以降低额外成本，扩大农作物生产面积，提高农作物产量，同时减少劳动力需求。目前，在农业生产过程中已经应用了几种数字化技术，包括传感器和执行器、机器人技术、GPS、大数据、无人机等。在实践中，农民必须对智慧农业有所了解。以下是智慧农业应用的几则范例。

**1. 作物管理和畜牧**

在传统农业中，农民需要依靠劳动力来管理农作物和牲畜。结果，他们把钱花在不必要的地方。使用物联网动力设备，农民可以收集与作物耕作直接相关的数据，如温度、降雨量、土壤质量。同时可以掌握牲畜的健康状态，并相应地调整饲养食物。通过分析数据，可以评估牲畜是否生病，并跟踪作物的健康和营养需求。当牲畜生病时，为了避免疾病的传播，要将它们与其他牲畜分开。如果农作物发病，可以对它们施加额外的营养。通过这种方式，农民可以巧妙地、富有成效地进行作业。

2. 农业无人机的使用

通常，农民通过人力对农场进行监控。然而，通过无人机，他们将能够得到更加深入的信息。在飞行中，无人机可以捕捉、形成多光谱、热图像和视觉图像。这种农业无人机的使用将在植物健康指数、植物数量和产量预测、株高估计、小麦氮素质量、灌溉制图、杂草压力测绘等方面提供有效的预测信息。因此，他们将能够集中精力解决当前存在的短板问题。

3. 实现智能温室自动化

传统温室通过单方面干预或比例调节系统来控制环境条件，有时会导致产量下降、能源损失和劳动力成本上升。然而，物联网温室智能可以通过跟踪和调节大气，反过来防止人为干扰。还可以通过整合云上架构来进一步完善它，以便在云存储中同时收集和分析产生的数据。因此，时间和成本都可以大幅减少。

4. 自动栽种与播种

农作物播种是农业中一项花费昂贵而复杂的工作。使用专业的播种机或机器人进行播种则更为简单。播种机或机器人配备了几何学和传感器装置，它所收集到的数据包括土壤含量、密度、水分和养分水平，以便种子能够在稳定的气候中生长、发芽。利用这些数据，播种机或机器人可以在具有合适条件的地方进行播种，以使植物健康生长。

5. 自动浇灌

一种被称为地下滴灌的常用灌溉系统使农民能够监测作物何时需要灌溉以及所需水量。通过将地下滴灌系统与智能物联网传感器整合起来，农民可以持续控制湿度水平、植物健康状况，仅在适当的时候进行干预。

与各种技术的结合将增强农民对作物和牲畜质量的控制能力，同时提高资源利用率，这些技术可能会改变我们所知道的农业。

## （三）贵州：大数据助力智慧农业发展

中国将按照"中国制造2025"创新驱动发展原则，推动制造业和社会服务业（主要是农业）的跨行业、跨学科的协同创新、数字化、网络技术和智能技术。农业信息化与工业化的全面融合，将把智能制造作为农机与技术发展融合的重点。此外，通过培育新型农业生产方式，全面提高研发、生产、管理、服务的智能化水平。

实际上，"中国制造2025"超越了这些行业范围，影响了几乎全部制造业，覆盖所有与中国利益相关的行业。[1] "中国制造2025"是一个由中央领导层推动、在地方层面实施的广泛的制造业政策框架。它使战略地位较低的相关行业能够争取被纳入省级或地方基金及其他支持计划中。中国工业和信息化部表示，贵州是华南地区建设数据中心的最佳地点。当地典型的喀斯特地貌曾经是贵州发展的限制因素，却缔造了重要数据基础设施的完美环境。

### 1. 贵州：中国首个大数据试验区

贵州成为中国第一个大数据试验区，其首府贵阳是"最佳城市"。贵州天气凉爽，对数据中心服务器十分有利，且水电充足，为数据中心提供了有益且可靠的清洁能源。该省也是中国西部唯一一个实现县县通高速的省份。包括高速铁路和民航在内的立体交通网络使贵州成为中国西部的交通枢纽。贵州是中国互联网的骨干网，它拥有优质的带宽和网络速度，是高科技电子信息产业的重要参与者。贵州在可持续发展方面的努力令人印象深刻，使其成为中国建立数据中心的最关键地方。

随着大数据技术的发展，一个名为"云上贵州"的"扶贫云"系统已经建成。这是一个电子平台，收集了处于贫困线以下居民的所有最新信息，如个人所在位置、贫困原因、获得的补贴数额以及被纳入哪个扶贫项目等。[2] 贵州开始利用大数据扶贫，在"中国制造2025"政策出台期间，"扶贫云"平台采用大数据技术实现实时监控，对9000个乡村600多万贫困人口的财务状况进行跟踪管理。除此之外，"扶贫云"还具有问责链、任务链和资金链的特点，使政府能够轻松地追踪到分配对接每个贫困户的

---

[1] Julia Coym and Kent D. Kedl, "Made in China 2025: Is Your Business Ready?" Control Risks, https://www.controlrisks.com/campaigns/china-business/made-in-china-2025, 登录时间：2020年8月5日。

[2] Yang Jun and Yang Jie, "Poverty in Guizhou Alleviated by Internet", Guizhou Provincial Information Office, January 19, 2016, http://www.eguizhou.gov.cn/2016-01/19/content_26901630.htm, 登录时间：2020年8月5日。

官员，并查看他们的扶贫措施。

### 2. "云上贵州"助力智慧农业

贵州曾是中国最贫困的省份，中国政府开展定点扶贫工作后，一大批贵州人民实现了脱贫，这归因于大数据在各行业的应用。几年来，贵州吸引了华为、苹果、高通、腾讯、阿里巴巴等一批重量级高新技术企业在这里建立云计算和大数据中心。

贵州省位于中国西南部，是地方农业产业转型的最佳区位。当地政府正在开展村村通路工程，并进一步将重要的数据部门与实际经济状况相结合，以推进其高质量发展。贵州省发改委主任陈少波表示，贵州省正通过大数据等技术、扶贫措施、优化经济结构和鼓励绿色产业，致力于维持高质量的发展模式。① 该省还鼓励建立农业部门的新模式，利用大数据开发和改进农业技术，提高农业产业额。例如，贵州省水城县猕猴桃种植中心使用气象信息收集系统、智能灌溉系统和其他系统帮助农民，并降低了劳动力成本。大数据可以作为农业管理、生产和营销的平台。例如，贵阳西南部修文县的农民周镇品（音译）在自家猕猴桃园里安装了监控摄像头，他的果园面积达67万多平方米，只需在家里轻点鼠标，就可以从屏幕上纵观整个果园，快速了解工人的位置和工作状态，看到果树遭受什么疾病。这只是他果园里众多设备中的一套，除此以外，果园里还配备了用来收集空气、土壤和降雨等各种数据的摄像机，这些设备还会实时发送数据到省级和县级大数据中心。

过去，当地农民种植水果全凭经验，靠天吃饭。2015年，在大数据的背景下，他们尝试转变发展模式，成立了公司。② 他们将数据分析应用到市场，在每盒水果上面印制独特的二维码，消费者可以通过扫码了解商品的所有信息。反过来，公司数据中心也能收集到消费者的人口统计数据和个人偏好。这项技术可以帮助果农灵活地调整种植计划。目前，贵州正努力通过大数据、大项目建设扶贫数据库，实现精准扶贫。"云上

---

① Wang Zhuoqiong and Yang Jun, "Guizhou Takes the Green Road to Growth", *China Daily*, March 27, 2019, http://www.chinadaily.com.cn/a/201903/27/WS5c9ade86a3104842260b2d07.html, 登录时间：2020年8月5日。

② Yang Jinghao, "Big Data Application Contributes to Modern Farming and Poverty Reduction", CGTN, May 28, 2019, https://news.cgtn.com/news/189504-2/index.html, 登录时间：2020年8月5日。

贵州"将整合各方面的数据资源，形成一个连接各级部门的平台，使其更加集中和透明。

## 三 智慧农业时代的下一轮劳动力转移

耕作是人类必不可少的工作之一。在数字化时代，食品和农业部门依靠技术提高农村劳动力的工作管理水平和工作效率。一般来说，农民在很大程度上依赖人工来评估当前作物生长状态和牲畜的健康状况。农业需要大量劳动力，但目前的技术推出了能够完全或部分替代劳动力的机器和技术。[1] 智慧农业正在改变农民管理农场的方式，这些技术帮助农民收集有关土地的所有信息，如湿度水平、养分供应情况、土壤肥力，还有些技术能在不增加劳动力的情况下帮助耕作和收割作物。这个多功能的系统降低了高昂的运营成本，同时又能及时准确地反馈现场实况。智慧农业系统实时了解土壤状况和影响作物生长的各种外部因素，农民将能掌握足够可靠的数据，甚至可以开发预测模型来帮助识别和预防不利于作物健康的条件。农民还可以利用物联网技术监测牛群的健康状况，并在出现疾病或盗窃的迹象时立即发出警报。

越来越多的大型机械和高科技设备在农业中得到应用。中国第三次全国农业调查结果显示，在推出"中国制造2025"后，截至2016年底，中国拥有联合收割机114万台，排灌设备1431万台，分别比2006年增长105.3%和6.1%。吉林省就是一个发展现代农业的优秀范例。吉林省主要农作物农机化率达80.0%以上。该省拥有约60万台大中型拖拉机。[2] 根据农业和农村事务部统计，中国目前拥有超过2500家农机企业，2018年农作物种植和收获机械化率超过67.0%。[3] 当前中国的农业生产主要靠农机

---

[1] Kesicke Farm, "New Farm Technology on Human Labour Employment", November 6, 2019, http://www.kesickefarm.com/new-farm-technology-on-human-labour-employment-impact/，登录时间：2020年8月5日。

[2] Meng Jie, "Across China: Technology Reshaping Agriculture in China", Xinhua.com, March 20, 2018, http://www.xinhuanet.com/english/2018 - 03/20/c_ 137052886.htm，登录时间：2020年8月5日。

[3] "Chinese Farmers Use New Methods as Agriculture Goes Automated", *China Daily*, February 11, 2019, http://www.chinadaily.com.cn/a/201902/11/WS5c615631a3106c65c34e8bf3.html，登录时间：2020年8月5日。

完成，取代了手工劳动，农民必须学会在自己的农场里使用高科技机械。农业农村部官员李卫国（音译）表示，中国将推进农业机械的科技创新，为农业机械化升级提供高效设备和技术支持。

随着机械使用量的增加，规模化农业不断发展，农民的专业化需求也随之增加。据报道，截至2016年11月底，中国注册的农民专业合作社约有200万家，[①]通过专业合作社，从事同一类农业生产的农民可以集中资源提高生产力。"中国制造2025"正日益改善农民及其社区获得信息、知识、技能和技术的机会，提高其农业生产力和参与市场的能力。中国农民获得了有用的新信息、新知识、新技能和新技术，学会使用海量数据，具备数据分析处理能力，并学会有效利用信息的方法，以适应耕作技术的变化。为了公平地参与市场竞争，中国农民需要学习并有效地利用知识、技能和技术，不断适应和改进家庭农业以应对新挑战。

从上述智慧农业应用的范例来看，智慧农业的应用涉及几种智能设备和技术，以多种方式帮助农民提高农场的产量和收入。然而，在考虑投资于智慧农业时，农民需要掌握的是一套完全不同的技能。因此，在实施智慧农业之前，除了手动技能以外，农场所有者和农民有必要掌握以下设备的使用技能：

（1）无线通信等通信技术，将提高农场日常活动和决策效率。

（2）GPS、卫星等定位系统，可以帮助农民更好地管理农场和牲畜。

（3）计算机应用，将解决农场在没有技术的情况下试图解决的特定问题。

（4）智能传感器，可以帮助跟踪和控制土壤、降水、光照和温度水平。

（5）机器人，有助于减少农业中的人工劳动，并比人类更容易、更快捷地完成复杂任务。自动拖拉机和制造工厂不久将面世。

（6）数据分析工具将帮助农民做出更好的选择，并对下一季作物生产做出可靠的预测。

---

[①] Meng Jie, "Across China: Technology Reshaping Agriculture in China", Xinhua.com, March 20, 2018, http://www.xinhuanet.com/english/2018-03/20/c_137052886.htm, 登录时间：2020年8月5日。

## 四 泰国智慧农业的劳动力需求

农业技术的融合也有其缺点。泰国等发展中国家的大多数人口依赖农业耕作和农业部门的劳动，而技术的融合将夺走他们的工作，使他们面临失业。这是一个严重的问题，将影响一个国家的失业指数。在农业部门工作的大多数人在当地就业，不注重教育和其他技能，他们完全愿意接受最低工资的工作。

在满足泰国智慧农业发展的劳动力需求方面，有几项任务需要完成：首先，需要为数据、应用程序、分析、硬件、软件和连接、内容、数据、信息、信息系统和应用程序的集成以及管理做好基础设施建设；其次，需要制定政策促进农民与农业系统的融合，例如通过合作社、生产者组织和农民组织等；再次，需要建立数据中心，建立监管和执法机制，在不同级别和不同类别的用户之间共享从地块、农场、农业系统、区域、国家到全球农业和相关系统的数据。这些需求必须与政府的支持结合起来考虑，并采取行动全面解决农民的利益问题。

泰国和中国在智慧农业方面的合作机会十分广泛。然而，最重要的是泰国农民需要像中国农民一样学习和有效地使用知识、技能和技术，因为他们能够不断地适应和改进自己的农业。

## 结　论

随着数字化时代的到来，中国正奋力帮助13亿人口通过各种方式过上舒适的生活。智慧农业为农场主提供了一个绝佳的机会，他们可以使用这些技术所提供的所有必要信息，通过技术集成做出更好的选择。农业机器代替人工能实现更高的生产和管理效率，这可能会导致其他劳动者失业。在"中国制造2025"的指导下，中国成功地建立了一个利用信息技术进行农业生产的平台。对泰国来说，应该把"中国制造2025"的启动和贵州大数据技术的发展所积累的经验，作为泰国农业技术发展的借鉴对象。鼓励数字化和智慧农业将为泰国在不引入污染产业的情况下发展经济，同时为帮助贫困人口摆脱贫困提供一个完美的机会。

# "Made in China 2025" Driving Agriculture Technology Shaping Labour Forces in China

*Suppakorn Khonkhlong*

**Abstract** "Made in China 2025", an initiative that sets to modernise China's industrial capability by digitalisation. Within ten years, this comprehensive strategy will focus harshly on intelligent manufacturing in the main strategic sectors and has the aim of securing China's position as a global powerhouse in high-tech industries. With the era of digitalisation, China widely applied technology in government management, business, and daily life. The growing of digitalisation is meant to drive higher consumption, which in turn will set higher requirements for agriculture, it has led to the adoption of all sorts of technologies right from the farm to the marketing front. Agriculture technology development thought "Made in China 2025" has given a significant boost to China's agriculture productivity growth, the implication of these technologies maximises the potential of every production process, precipitating various and quality by-products. While China's digital economy has expanded rapidly in recent years, it has created new jobs, but also brought potential risks and disrupted employment in some sectors. "Made in China 2025" with these new technologies and business models, has brought new challenges and opportunities to the traditional pool of workforces for farming and a low-skilled farmer is drying up. China has experienced this by raising worker productivity through technology and encouraging workforces to improve or acquire new skills. Under the cooperation between China and Thailand, we can play a vital role in maximising the benefits of digitalisation in the agriculture sector, while helping to minimise the related risks in labour in rural communities, to better prepare the labour for smart farming, China and Thailand can together promote proactive training of the workforces and strengthen human resource cooperation for the future.

**Key Words**　Made in China 2025; Agriculture Technology; Labour Forces

**Author**　Suppakorn Khonkhlong, School of Sinology, Mae Fah Luang University of Thailand, Lecturer.

# 越南未来劳动力：挑战与对策

[越南] 武氏青秀（著）　陈园园（译）*

【摘要】越南劳动力群体庞大而年轻，且成本低廉，一直是其吸引外国投资者的优势。几十年来，农业就业份额大幅下降，工业和服务业就业份额不断上升，尤其是制造业就业增长速度远高于东南亚地区和世界总体水平。但是，越南1/3以上工人的技能水平仍然较低，需要进一步努力促进技能发展和创造高技能就业机会。在第四次工业革命的背景下，越南劳动力面临着三大挑战：（1）失业风险；（2）高技能劳动力短缺；（3）高龄劳动力对第四次工业革命的适应能力弱。本文将分析的问题是：（1）越南劳动力的基本特点；（2）未来越南劳动力面临的挑战；（3）在第四次工业革命中越南的劳动力政策和未来发展方向；（4）东盟国家以及东盟与中国在应对未来劳动力挑战方面的合作。

【关键词】劳动力　技能水平　第四次工业革命

【作者简介】武氏青秀（Vu Thi Thanh Tu），越南外交学院外交政策与战略研究所安全与发展研究中心，研究员。

现代技术给越南劳动力带来了巨大的发展机遇，自动化提高了工人的生产力。然而，根据国际劳工组织（International Labor Organization）预测，越南是劳动力受第四次工业革命影响最大的国家。为了充分利用这一发展机遇，避免社会混乱和不稳定，越南需要制定总体劳动力战略。本文将分析的问题是：（1）越南劳动力的基本特点；（2）第四次工业革命对越南劳动力的挑战；（3）第四次工业革命中越南的劳动力政策和前

---

\* 陈园园，广西大学国际学院《中国—东盟研究》编辑部，责任编辑。

进方向；（4）东盟国家以及东盟与中国在应对未来劳动力挑战方面的合作。

## 一　越南劳动力的基本特点

根据越南国家统计局的数据，2018 年越南人口约为 9400 万人，其中 15 岁及以上的劳动人口约为 5516 万人，相当于总人口的 68%。越南是仅次于印度尼西亚和菲律宾的东南亚人口第三大国，世界排名第十五。在过去的几十年里，庞大而年轻的劳动力以及低廉的劳动力成本一直是越南吸引外国投资者的优势，但这可能会成为越南在第四次工业革命中的制约因素。

越南经济快速发展的特点是经济结构发生了巨大的转型，导致劳动力市场发生重大变化。事实上，越南是一个传统农业经济体。几十年来，农业的就业份额稳步下降，这有利于工业和服务业的发展。尽管 2018 年农业就业人数仍占全国就业人数的 1/3 以上（38%），但自 2009 年以来，农业就业率已经大幅下降了 10%。与此同时，2018 年，越南工业的就业份额上升了 5%，达到 27%，服务业就业份额上升至 35%。[1]

越南工业化速度的最显著迹象是制造业的就业增长率提高。在过去几年中，这一数字的增长速度远高于东南亚地区和世界总体水平，在全国就业中所占的比例也高于其他东盟国家。制造业工作往往更有吸引力，而自营职业和家族工作被认为较容易受到冲击（见图1）。[2]

在越南，高技能人员就业的增长速度一直高于中等技能或低技能员工。在过去十年中，低技能人员的比例从 2009 年的 39% 降至 2018 年的 36%，而具有中等或高技能的人员所占的比例逐渐上升。然而，尽管这一趋势令人鼓舞，但越南 1/3 以上工人的技能水平仍然较低，这意味着需要进一步努力促进技能发展和创造高技能就业机会。越南高技能人员的就业

---

[1] "Decent Work and Sustainable Development Goals in Vietnam—Country Profile", International Labour Organization, November 21, 2019, http：//www.ilo.org/hanoi/Whatwedo/Publications/WCMS_730825/lang--en/index.htm，登录时间：2020 年 5 月 20 日。

[2] "Decent Work and Sustainable Development Goals in Vietnam—Country Profile", International Labour Organization, November 21, 2019, http：//www.ilo.org/hanoi/Whatwedo/Publications/WCMS_730825/lang--en/index.htm，登录时间：2020 年 5 月 20 日。

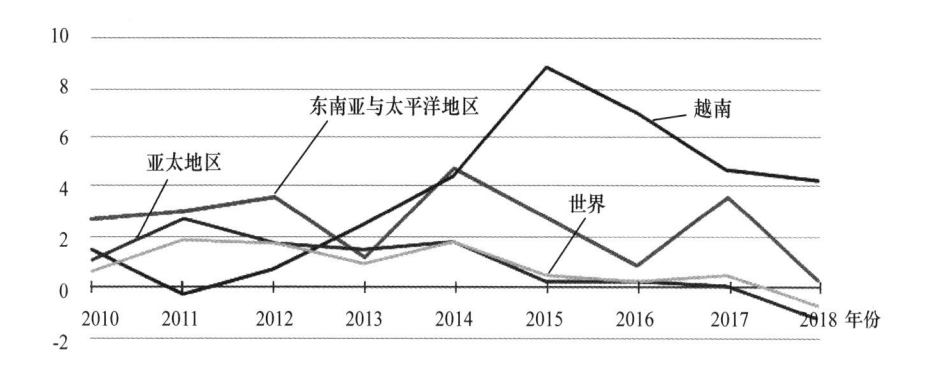

**图1　2010—2018年越南、地区和世界制造业就业增长率（%）**
资料来源：国际劳工组织越南办事处。

比例远低于亚太地区，而亚洲和太平洋地区又低于世界总体水平。①

## 二　第四次工业革命对越南劳动力的挑战

越南人口结构正处于黄金时期，劳动适龄人口比率处于顶峰水平，但是具有高技能的劳动力人数有限，且质量不足。目前，每年约有160万人进入国内劳动力市场，从而给政府为公民提供足够就业机会带来了压力。随着第四次工业革命的到来，这一压力将进一步加剧，因为人们相信机器人和高科技将取代大量工人，尤其是低技能工人。总的来说，在第四次工业革命的背景下，越南劳动力面临着相当明显的三大挑战：（1）失业风险；（2）高技能劳动力短缺；（3）高龄劳动力对第四次工业革命的适应能力弱，无法满足第四次工业革命的要求。

### （一）失业风险

越南劳动力面临着失业风险，且将经历以下三个阶段：
首先，越南的制造业由两个主要部门驱动：一是纺织服装和鞋类，另

---

① Le Thi Hong Giang and Ngo Thi Thanh Huong, "CARE Rapid Gender Analysis for COVID-19 Vietnam", CARE, May 2020, http：//reliefweb.int/report/viet-nan/vietnam-care-rapid-gender-analysis-covid-19-may-2020，登录时间：2020年7月3日。

一个是电气生产。这两个部门分别雇用了大约36%和5%的制造业劳动力。这些工人主要由技能较低的工人和女工组成，因此最有可能受到办公技术进步的影响。根据国际劳工组织的估计，在未来15年内，越南多达86%的纺织和制鞋业工人将面临着因自动化而失业的较高风险。①

其次，随着人工智能的出现，复杂程度更高的体力劳动也可以通过机器编程来完成，如泥瓦匠、收银员、服务员、司机等工作。运输服务业长期以来创造了大量的就业机会，一旦自动驾驶汽车完全占领市场，该行业将面临人员下岗的威胁。另外，文职工作人员也会被电脑软件所取代，这些软件比机器人价格更加低廉。支持人工智能的软件可以通过自主学习去完成程序员不能完成的工作。人工智能还可以承担撰写文章、撰写故事、新闻编辑、分析数据、分析报告、律师、医生、国际象棋比赛等复杂任务，从而形成相对于体力劳动者的竞争优势。

最后，许多乐观主义者认为，第四次工业革命对工业化水平不高的国家影响不大。然而，在包括越南在内的发展中国家，外国投资者往往拥有大量的工厂。当第四次工业革命爆发时，外国企业没有理由在其他国家建立制造工厂，它们会把工厂迁回本国，越南工人将因此面临失业。特别是，第四次工业革命不仅影响了低技能工人的生计，而且威胁着中级技术工人的工作。

简而言之，庞大的劳动力人口和低廉的劳动力成本将不再是越南的优势。失业显然会对社会生活和宏观经济稳定产生重大影响，其中社会不平等是最严重的后果。

## （二）高级技能劳动力短缺

失业的主要原因之一是越南缺乏高级技能劳动力。首先，世界经济论坛（World Economic Forum）的一项研究表明，在第四次工业革命的强力驱动下，未来2/3的工作岗位将是全新的，例如电子、电信、数字化、工

---

① Võ Văn Lợi, "Phát Triển Nguồn Nhân Lực Việt Nam Đáp Ứng Yêu Cầu Của Cách Mạng Công Nghiệp 4.0 [Human Resources Development in Response to the IR4.0]", Tạp chí Tài chính, February 9, 2019, http://tapchitaichinh.vn/nghien-cuu-trao-doi/phat-trien-nguon-nhan-luc-viet-nam-dap-ung-yeu-cau-cua-cach-mang-cong-nghiep-40 – 302127.html, 登录时间：2020年5月20日。

程等领域。未来，由于机器人和自动化技术的发展而失业的工人将转移到这些新兴行业。然而，转行并不容易，尤其是那些需要大量知识和技能的职业。① 工作性质的变化要求员工能够适应非标准的就业形式。

越南工商会发布的《2017年省级竞争力指数报告》显示，越南69%的外商直接投资企业在招聘技术人员服务生产经营活动时面临困难。2018年，在越南的1600万工人中，只有28%的工人具备高级技能，其余工人未接受过培训，其中只有8%的劳动力拥有大学学位。②

在越南350所大学中，只有12所大学的教师具备STEM教学知识（即为学习者提供与科学、技术、工程和数学领域相关的必要知识和技能）。最近的一项研究表明，高达72%的信息技术专业学生缺乏实践经验，而42%的学生缺乏团队合作能力。③ 与此同时，越南对信息技术人力资源的需求以每年47%的速度增长，而信息技术专业毕业生的年均增长速度仅为8%。

其次，在技术突破的冲击下，劳动力市场的两极分化成为越南发展的一大挑战。"工作两极分化"的概念体现了对高技能、高工资工人（如经理、专业人员和技术人员）和低技能、低工资职业（如销售人员、初级、服务业）的需求增加的趋势。与此同时，对中等技能、中等收入的工作（如文员、刨工和机器操作员）的需求下降。这表明，技术变革对工人所产生的影响各不相同。工人从自动化中获得或失去的程度取决于多种因素，包括工人的技能水平以及可替代程度。④

再次，越南的劳动生产率远低于东盟地区中的许多其他国家。在世界经济论坛发布的《未来生产就绪度报告》中，越南是尚未为第四次工业革

---

① Võ Văn Lợi, "Phát Triển Nguồn Nhân Lực Việt Nam Đáp Ứng Yêu Cầu Của Cách Mạng Công Nghiệp 4.0 [Human Resources Development in Response to the IR4.0]", Tạp chí Tài chính, February 9, 2019, http：//tapchitaichinh.vn/nghien-cuu-trao-doi/phat-trien-nguon-nhan-luc-viet-nam-dap-ung-yeu-cau-cua-cach-mang-cong-nghiep-40 - 302127.html, 登录时间：2020年5月20日。

② Vu Quang Tho, "Vietnamese Labour Market and Industrial Revolution 4.0", VTV, 12 April 2019, https：//www.youtube.com/watch？v = m944ty9rNLM, 登录时间：2020年6月8日。

③ Võ Văn Lợi, "Phát Triển Nguồn Nhân Lực Việt Nam Đáp Ứng Yêu Cầu Của Cách Mạng Công Nghiệp 4.0 [Human Resources Development in Response to the IR4.0]", Tạp chí Tài chính, February 9, 2019, http：//tapchitaichinh.vn/nghien-cuu-trao-doi/phat-trien-nguon-nhan-luc-viet-nam-dap-ung-yeu-cau-cua-cach-mang-cong-nghiep-40 - 302127.html, 登录时间：2020年5月20日。

④ ILO Country Office for Vietnam, "Industrial Revolution (IR) 4.0 in Vietnam: What Does It Mean for the Labour Market？" Hanoi：ILO, 2018.

命准备好的国家之一,在 100 个国家的技术工人素质方面仅排第 81 位。与此同时,越南只有 5% 的劳动力精通英语。越南教育和培训系统将面临改善和适应对高技能劳动力需求的压力,如果政府无法尽快出台合理的政策以提高工人的教育、培训、技能和知识以满足工业革命的要求,劳动力市场就会出现动荡。

### (三) 高龄劳动力对第四次工业革命的适应能力弱

越南 65 岁及以上人口所占比例正以 7.7% 的速度快速增长,超过世界人口老龄化速度。越南人民平均预期寿命持续增长,从 1989 年的 65.2 岁增加到 2019 年的 73.6 岁。政府需要制定针对老年人的相关劳动政策,以便为他们创造参与经济活动的机会,提高生活水平,促进商品和服务的生产。老龄化工人面临着两个不同的技术障碍:一个是技术挑战,另一个是态度障碍。老龄化工人在采用新技术、与年轻同事沟通和表达方面存在着困难。在工作场所使用技术的年龄差异可能会引发代际冲突。

## 三 第四次工业革命中越南的劳动力政策和未来发展方向

### (一) 越南的劳动力政策

越南政府将人力资源开发问题放在突出的重要位置。更具体地说,越南已在政府战略和总体规划中考虑到这一问题。2011 年 4 月 19 日,越南总理发布了关于批准 2011—2020 年越南人力资源发展战略的第 579/QĐ - TTg 号决定,作为制定 2011—2020 年越南人力资源开发总体规划和全国各部委、分支机构和地方人力资源开发总体规划的前提和关键方向。2017 年 3 月 17 日,越南总理发布了关于成立 2016—2021 年任期的全国教育和人类发展理事会的第 337/QĐ - TTg 号决定。为应对劳动力市场的快速变化,帮助本国劳动力为未来发展做好准备,越南政府列出了各种优先事项,将重点放在以下三个关键投资领域。

(1) 与商业、第四次工业革命劳动力市场和国际一体化相联系的人力资源开发,增加熟练工人数量,特别是高技能工人的数量,从而有助于提高生产力和国家竞争力。

（2）劳动力市场发展，重点是按部门、职业和资质，特别是按未来技能和新职业来预测和确定劳动力需求，优化供需匹配信息技术，以增加劳动力人数，提高工作体面程度。

（3）建立以社会保险、失业保险、医疗保险和积极的劳动力市场计划为重点的多层次、有凝聚力的社会保障体系，及时有效地支持失业、弱势劳动者就业和增加收入。

## （二）越南劳工在第四次工业革命中的前进方向

在技术日新月异发展的时代，人力资源开发具有重要意义。在这方面，越南迫切需要私营部门、决策者和培训系统之间的强有力合作，以确保高技能劳动力能够适应快速变化的劳动力市场。

对于政策制定者而言，一是需要继续完善法治体系，为人力资源开发创造良好的环境，鼓励发展高素质的人力资源市场。更具体地说，应该采取政策支持初创企业的发展，并鼓励私营企业为其员工提供适当的培训。需要建立安全基金来帮助人们抵御冲击，制定吸引人才的政策。二是加强对劳动力市场的研究和预测，帮助企业和高校更好地进行培训定位。为帮助劳动者，劳动力市场的每一次信息更新都需要向劳动者公布。三是各级政府需要鼓励包容性的信息和通信技术培训。利用信息和通信技术平台，促进教育培训向农村地区普及，使人们能够在线学习，有针对性的培训能够惠及更广泛的受众。四是需要制定积极的劳动力市场政策，为失业者提供培训，以解决 STEM 短缺问题，同时提供更多的 STEM 职业教育培训。五是数字营销、自由职业者、利用互联网平台完成工作等新的就业形式已经出现，例如，出租车司机可以通过使用例如 Grab 和优步（Uber）等应用程序来完成工作。随着信息和通信技术的发展，传统的劳资关系变得更加模糊。劳动者可以在世界上的任何地方工作，所以在潜在的威胁或风险下如何保护这些工人显得尤为重要。因此，政府需要制定新的劳动力条例，以更好地保护劳工权益。六是应对劳动力老龄化、福利支出、产业转移、财政支持、培训和教育将是防止大量老年劳动力流离失所的关键。在没有将老年劳动力适当纳入企业数字化和自动化战略的国家,就业不足、贫富差距扩大和人才严重短缺等问题将会进一步恶化。①

对于私营部门而言,一是企业必须对员工进行培训,使其能够操作和维护复杂的机器,并更好地适应生产过程,能够从事更复杂的工作。企业可以在工作场所制定许多不同的政策,真正重视员工个人福利,这可以通过提高技术技能和使用信息与通信技术来实现。二是企业也可以在实习学徒制方面与企业外的职业教育系统建立合作伙伴关系,即在工作场所培训年轻人和学生。实践培训是企业人力资源开发培训课程的一部分。越南的一些企业开设了自己的职业学校,以提供更好的人力资源,配备适当的技能和现代技术。

对于职业学校和大学而言,职业培训学校需要调整课程设置,以适应未来企业的需要。自动布线、自动装配、操作技能和使用机械臂等新课程都需要纳入职业培训中,与机器交互和物联网相关的工作现在被视为职业培训的优先事项。越南需要建立一个教育4.0模式,以跟上经济4.0的现代技术发展趋势。

对于员工而言,终身学习是第四次工业革命时代对员工的必然要求。尽管目前还不清楚未来会出现或消失的工作类型,但在未来10年内,父母应该为孩子制定投资规划,让孩子掌握数学、技术、科学、工程师技能和软技能(复杂问题解决、批判性思维、创造力、人员管理、团队合作、情商、判断和决策、服务导向等)。员工还需要提高他们的软实力,并根据劳动力市场的要求进行自我提升。

## 四 东盟国家以及东盟与中国在应对未来劳动力挑战方面的合作

### (一)东盟国家间的合作

为了充分利用劳动力的巨大价值,东盟成员国必须采取更多的措施来

---

① Mercer and Oliver Wyman, "The Twin Threads of Aging and Automation", 2018, https://www.oliverwyman.com/content/dam/oliver-wyman/v2/publications/2018/july/The-Twin-Threats-Of-Aging-And-Automation.pdf, 登录时间:2020年7月14日。

实现其经济雄心。① 《2025年东盟经济共同体蓝图》的目标是加强东盟贸易和生产网络，在东盟地区形成统一市场和生产基地，在其框架下实现货物、服务、投资和技术工人的自由流动，以及更自由的资本往来。东盟共同体就人力资源开发问题通过了许多协定。2020年6月，东盟通过了《东盟关于在不断变化的职业世界中人力资源发展声明》。该声明提出了具体的路线图，即各国政府共同致力于为东盟劳动力和职业教育做好准备，以应对变革性变化的影响。通过执行这一声明，东盟各国将有机会根据区域和国际标准开发其人力资源。

为了更好地为劳动力领域的未来发展做好准备，东盟各国可以在以下具体方面进行合作：一是东盟成员国的劳动力监管应致力于在保护和灵活性之间取得平衡。大多数东盟成员国的人口都相当年轻，正在科技时代中成长。人们不必坚持现在的工作，可以跳槽到更好的工作平台上。这些基本上是"自由职业者"，根据所完成的任务支付报酬。由于其灵活性和易用性，这些类型的任务招聘非常具有吸引力。员工们需要灵活的工作安排，还要有提高技能的机会。同时，他们还可以利用第三次分拆的潜力来创建灵活的就业新形式，即一项任务可能会分散到位于不同国家的个人身上。② 二是东盟应立志成为一个以技能流通为特点的区域，每个国家都根据其经济结构接收和派遣有技能的专业人员。展望2040年，东盟需要建立一个管理外国员工虚拟就业的框架——"虚拟移民"。三是任何发展战略都需要通过改善软硬件基础设施来实现互联互通。充分发展的信息技术基础设施使东盟成员国内部及其之间的联通性得以实现。③ 四是参与到东盟技术和职业教育与培训理事会中，并在成员国之间分享人力资源开发方面的知识、经验和良好做法，对于越南和东盟其他国家来说，是一个很好的机会，即使在2030年以后，也可以改善其人力资源，促进国家发展。五是

---

① "Shaping Future of Vietnam's Labour", Vietnam Investment Review-VIR, September 20, 2018, https://www.vir.com.vn/shaping-future-of-vietnams-labour-62513.html, 登录时间：2020年5月20日。

② Ponciano Intal Jr., Mari Chia Siow Yue, Rashed Shrestha, Fukunaki Kimura and Doan Thi Thanh Ha, "Skills Mobility and Development in ASEAN", *ERIA*, n. d., March 20, 2019, https://www.eria.org/uploads/media/0.AV2040_VOL4.pdf, 登录时间：2020年7月14日。

③ Rashesh Shrestha, Fukunari Kimura and Dionisius Narjoko, "The Digital and Fourth Industrial Revolution and ASEAN Economic Transformation", *ERIA*, March 2019, https://www.researchgate.net/publication/342329208_The_Digital_and_Fourth_Industrial_Revolution_and_ASEAN_Economic_Transformation, 登录时间：2020年7月14日。

应该继续推动《东盟互联互通总体规划2025》，特别是通过缩小高等教育中的信息、意识、监管和激励方面的差距，来提高东盟成员国学生的流动性。

### （二）东盟与中国之间的合作

近年来，中国与东盟国家的合作日益推进。在众多合作领域中，职业教育培训是中国与东盟合作的基础性重要领域。首先，对于东盟国家尚未发展起来的职业教育培训体系而言，最紧迫的挑战是缺乏训练有素的职业教育培训人员（特别是具有实际能力和行业经验的人员），还包括资金匮乏，以及教材和设备方面的不足。中国作为一个先进的技术开发国家，可以帮助东盟国家发展高质量的职业培训项目，缩小职业需求和供给方面的差距。其次，东盟和中国需要鼓励大学、研究机构之间的合作，以提高劳动力素质。东盟和中国可以相互承认双方教育机构的学分。再次，东盟和中国可以实施人力资源开发计划，对公务员进行培训，鼓励在人力资源市场建设、劳动力市场信息、职业技能发展、劳动法律法规和社会保障政策等方面进行经验交流和共同合作；探索建立中国与东盟间的社会福利和社会保障合作机制，其中包括政策、信息和经验交流；加强社会福利合作，特别是关于老年人、残疾人、妇女和儿童的问题，包括支持分享关于社会福利和保护政策的经验/研究。最后，定期举办中国—东盟职业教育展览会和论坛，促进中国与东盟国家在职业教育领域的合作，开拓交流互鉴的新局面，加强成员国之间的友好伙伴关系。

## 结　语

越南正处于第四次工业革命的第一阶段，即使用人工智能和其他智能技术来优化生产。如果没有正确的战略，越南所拥有的大量劳动力的优势可能成为越南在这场革命中的障碍。第四次工业革命给越南带来了机遇，同时引发了巨大的社会威胁。随着越南融入第四次工业革命，就业岗位的减少和高素质劳动力的缺乏已成为越南经济发展面临的巨大挑战。越南需要制定紧急战略和加大政府投资来确保就业和为劳动力培训足够技能。人力资源开发对区域经济社会发展起着至关重要的作用，在不可预测和复杂的全球化运动背景下,越南已经开始了第一轮劳动力准备工作。越南在这些问题上参与区域合作非常重要。东盟和中国在劳动力发展方面的合作将是一个宝贵的机会,有助于减少对未来人类安全或社会不稳定的冲击。

# Future of Labour in Vietnam:
# Challenges and Responses
*Vu Thi Thanh Tu*

**Abstract** Vietnam's large, young and cheap labor force has always been an advantage in attracting foreign investors. Over the past decades, the share of agricultural employment has steadily declined, and the share of employment in industry and services has been increasing. The growth rate of employment in manufacturing industry is much higher than that in the region and the whole world. However, the skill level of more than one third of Vietnamese workers is still low, and further efforts are needed to promote skills development and create high skilled employment opportunities. In the context of IR 4.0, labor force in Vietnam faces three challenges: (i) the risk of job losses; (ii) the deficiency of high-skilled workforce; and (iii) weak adaptation of aging labours to meet the demands of the IR 4.0. This paper will analyze: (i) features of Vietnam's labour; (ii) challenges of Vietnam's labour in light of the IR 4.0, (iii) national policy and some ways forward for Vietnam's labour in the IR 4.0; and (iv) cooperation among ASEAN countries and collaboration between ASEAN and China in responding future labour challenges.

**Key Words** Labour; Skill Level; Industrial Revolution 4.0

**Author** Vu Thi Thanh Tu, Center for Security and Development Studies of Institute for Foreign Policy and Strategic Studies, Diplomatic Academy of Vietnam, Research Fellow.

# 国别与区域研究

Country and Region Studies

# 新冠肺炎疫情期间日本对东盟国家的外交

周永生

**【摘要】** 新冠肺炎疫情期间日本对东盟国家的外交，实际上是日本对东盟国家传统外交的延续和发展，同时又带有疫情期间防疫外交的特色；主要体现在开展与东盟国家的疫情合作，推动与东盟国家的战略与安全合作，促进与东盟国家的经济合作方面。日本对东盟的外交，是基于日本国家战略价值和利益，侧重于推动同东盟的经济合作关系，为日本赢得经济利益；是寻求自由、法制和民主主义价值观，推动日本国际政治理念和国家安全保障利益，维护日本、地区和世界安全与繁荣的重要手段。日本和东盟国家之间的关系是典型的相互依赖的伙伴关系，在政治方面，日本通过塑造双边关系中共同的价值观，来拉近双边之间的距离，加强相互之间的信赖关系；在经济方面不断加大合作力度，扩大对东盟国家的贸易和投资，形成不对称依赖与共赢关系；在安全方面则相互利用，相互借助，相互支持。

**【关键词】** 新冠肺炎疫情　日本外交　日本—东盟　经济合作　防务合作　战略合作

**【作者简介】** 周永生，外交学院国际关系研究所，教授、博士生导师。

日本和东盟国家的交往由来已久，日本特别重视同东盟各国的地缘政治关系。1977年8月7日，时任日本首相福田赳夫到访马来西亚首都吉隆坡，发表了同东盟国家关系的原则声明，包括：（1）日本不做军事大国；（2）与东盟国家构筑心心相印的关系；（3）建立日本与东盟国家对等的伙伴关系。① 2013 年 1 月 18 日，时任日本首相安倍晋三在出访印度尼西亚时，提出对东盟新的五项原则，包括：（1）日本要与东盟国家共同稳定和扩大基于自由、民主、基本人权等的价值观。（2）日本要和东盟国家一道，全力守护不是基于力量，而是基于法律支配，作为公共财富、自由开放的海洋。欢迎美国实施重视亚洲的政策。（3）通过各种经济合作网络，进一步推进货物、金融、人员和服务等贸易和投资的交流合作，拉动日本经济复苏，与东盟国家共同繁荣。（4）日本与东盟国家共同培育与守护亚洲多样的文化、传统。（5）更加活跃地促进日本与东盟各国肩负着未来的年轻人的交流，增进相互理解。②

日本多次向东盟国家表态说会把东盟当作其相互依存的伙伴，平等相待，推进相互之间的利益共享和分享。经过日本几代人的努力，日本的东盟外交赢得了东盟国家的认可，获得了显著的成效。日本是一个比较重视推进务实政策的国家。其对外政策体现出明显的相互依存关系理论，通过不断加大同东盟国家的合作力度，推进同东盟国家的相互依赖与互利共赢。在此次新冠肺炎疫情期间，日本展开的东盟外交实际上是日本对东盟国家传统外交的延续和发展，同时又带有新冠肺炎疫情期间的防疫外交特色。

## 一　开展与东盟国家的疫情合作

2020 年 3 月 23 日，日本外相茂木敏充（Toshimitsu Motegi）与印度尼西亚外长蕾特诺进行电话会谈。双方根据当前新冠肺炎疫情正在全球蔓延的现状交换了意见，同意两国开展密切合作以防止感染扩散。茂木敏充表示，为防止新型冠状病毒肺炎的传播，国际合作必不可少。日本已经为世界卫生组织和联合国儿童基金会筹措大约 150 亿日元，并决定向各国提供紧急援助。蕾特诺对日本的支持表示感谢。③

---

① 日本外务省网站，『日本とASEAN・福田ドクトリン』，2020.3 改訂，https://www.mofa.go.jp/mofaj/files/000305625.pdf，登录时间：2020 年 7 月 1 日。
② 日本外务省网站，『日本とASEAN・対ASEAN外交5原則』，2020.3 改訂，https://www.mofa.go.jp/mofaj/files/000305625.pdf，登录时间：2020 年 7 月 1 日。
③ 日本外务省网站，『日・インドネシア外相電話会談』，令和 2 年 3 月 23 日，https://www.mofa.go.jp/mofaj/press/release/press4_008381.html，登录时间：2020 年 7 月 6 日。

2020年3月31日，茂木敏充与越南副总理兼外长范平明举行电话会谈。双方根据当前新冠肺炎疫情在全球范围内的传播，就各国的情况和防止感染传播的措施交换了意见。鉴于越南是东盟2020年主席国，两国元首同意在东盟框架内进行密切合作，以防止感染扩散。双方讨论和达成的共识主要有：(1) 与国际社会分享应对疫情的经验教训；(2) 强化相关国家之间在边境管理措施方面的合作；(3) 加强公私部门在开发治疗药物和疫苗方面的国际合作；(4) 确保每个国家的居民安全，并就人员和货物流动进行讨论，以确保最低限度的必要运输。[1]

2020年4月2日，茂木敏充与新加坡外长维文（Vivian Balakrishnan）举行电话会议，同意在东盟框架内进行密切合作。茂木敏充提出四点建议：(1) 与国际社会分享经验教训；(2) 相关国家在边境措施方面进行合作；(3) 加强公私合作开发治疗药物和疫苗，努力进行国际合作；(4) 确保每个国家居民的安全、人员和货物的流动，以及最低限度的必要运输手段。[2]

2020年4月14日，时任日本首相安倍晋三出席东盟与中日韩（10 + 3）抗击新冠肺炎疫情领导人特别视频会议。此次会议讨论了中日韩和东盟各国的经济形势以及防止疫情在各个地区蔓延的措施。安倍晋三在发言时介绍了日本的情况，并表示，在新冠肺炎疫情肆虐之时，扩大东盟和亚洲地区的合作以结束疫情传播局面极为重要。安倍表示，可通过建立东盟传染病对策中心等进行强有力合作，应对病毒的跨境传播，这一建议获得了各国的认可。[3] 由于日本很多防疫物资要从东盟国家进口，安倍强调，应在目前危机中保持团结和保证顺畅的物资供给，任何措施都必须赢得各国的支持并符合世界贸易组织规则。[4] 此外，安倍称，将扩大对法匹拉韦的临床研究。通过这次视频会议，日本同意在应对新冠肺炎疫情方面与东

---

[1] 日本外务省网站，『日・ベトナム外相電話会談』，令和2年3月31日，https://www.mofa.go.jp/mofaj/press/release/press6_000635.html，登录时间：2020年7月6日。

[2] 日本外务省网站，『日・シンガポール外相電話会談』，令和2年4月2日，https://www.mofa.go.jp/mofaj/press/release/press4_008400.html，登录时间：2020年7月6日。

[3] 日本外务省网站，『新型コロナウイルス感染症（COVID – 19）に関するASEAN + 3（日中韓）特別首脳テレビ会議』，令和2年4月14日，https://www.mofa.go.jp/mofaj/page1_000856.html，登录时间：2020年7月6日。

[4] 日本外务省网站，『新型コロナウイルス感染症（COVID – 19）に関するASEAN + 3（日中韓）特別首脳テレビ会議』，令和2年4月14日，https://www.mofa.go.jp/mofaj/page1_000856.html，登录时间：2020年7月6日。

盟和中韩两国加强合作，将继续在防止新冠肺炎疫情扩散的区域合作与协作中发挥领导作用。①

2020年4月23日，安倍晋三与印尼共和国总统佐科举行电话会谈。安倍表示，对印尼人民抗击新冠肺炎疫情的努力表示敬意。安倍阐述了日本针对新冠肺炎疫情所做的努力，并通过世界卫生组织和联合国儿童基金会等国际组织向印尼的医务人员提供技术援助，向印尼医疗机构提供物质援助。②

安倍寻求与印尼开展合作以确保在印尼的日本居民的安全和日本公司的稳定运营。佐科总统表示愿意进行合作。安倍首相要求与印尼合作，以稳定地向日本出口包括医疗服在内的医疗用品。两位领导人确认，制定应对新冠肺炎疫情的对策是最优先的问题，并同意两国密切合作，共同克服困难。③

2020年5月4日，安倍与越南总理阮春福举行电话会谈。安倍介绍了日本在新冠肺炎疫情方面的努力，并向越南人民为抗击新冠肺炎疫情所做的努力表示敬意。安倍表示将通过双边和国际组织向越南提供医疗技术支持和设备供应。此外，还对越南向日本人民捐赠口罩以及对日稳定出口医疗用品表示感谢。阮春福则表示愿意在日越全面战略伙伴关系的基础上加强对日合作。两国领导人确认，制定应对新冠肺炎疫情的对策是最优先的问题，并同意两国将密切合作，共同克服这一困难。④

两国领导人还就共同关心的区域热点议题交换了意见，同意在《区域全面经济伙伴关系协定》（RCEP）和《全面与进步跨太平洋伙伴关系协定》（CPTPP）等多边经济伙伴关系领域进行合作。⑤

2020年5月21日，日本外相茂木敏充与菲律宾外长洛钦举行电话会

---

① 日本外务省网站，『新型コロナウイルス感染症（COVID-19）に関するASEAN+3（日中韓）特別首脳テレビ会議』，令和2年4月14日，https://www.mofa.go.jp/mofaj/page1_000856.html，登录时间：2020年7月6日。
② 日本外务省网站，『日・インドネシア首脳電話会談』，令和2年4月23日，https://www.mofa.go.jp/mofaj/s_sa/sea2/page4_005148.html，登录时间：2020年7月6日。
③ 日本外务省网站，『日・インドネシア首脳電話会談』，令和2年4月23日，https://www.mofa.go.jp/mofaj/s_sa/sea2/page4_005148.html，登录时间：2020年7月6日。
④ 日本外务省网站，『日・ベトナム首脳電話会談』，令和2年5月4日，https://www.mofa.go.jp/mofaj/page1_000858.html，登录时间：2020年7月6日。
⑤ 日本外务省网站，『日・ベトナム首脳電話会談』，令和2年5月4日，https://www.mofa.go.jp/mofaj/page1_000858.html，登录时间：2020年7月6日。

谈。双方认为，国际社会合作对于应对新冠肺炎疫情至关重要。此外，茂木敏充感谢菲方协助在菲律宾和其他国家的日本人返回日本的行为，并请求菲方保障在菲律宾日本居民的安全与日本公司的稳定运营。茂木表示，日本将向菲律宾捐赠法匹拉韦，提供技术、医疗用品援助以及紧急援助日元贷款等。洛钦对日本的支持表示深切的感谢。[1]

茂木还表示，希望在局势稳定后加快双方的基础设施建设合作，就棉兰老岛和平进程以及其他安全议题进行双边对话。洛钦表示，希望进一步加强日菲关系。[2]

截至 2020 年 5 月底，菲律宾的感染人数累计超过 16000 人，死亡人数超过 920 人，而且感染人数不断扩大。但菲律宾国内医疗基础设施和相关设备不足。2020 年 6 月 8 日，日本和菲律宾签署通过提供保健和医疗设备支持预防新型冠状病毒肺炎赠款"经济和社会发展计划"交换文件，拨款金额为 20 亿日元。该计划将为菲律宾政府提供 CT 扫描仪和 MRI 系统等健康和医疗设备，以完善该国的健康和医疗系统。[3]

2020 年 7 月 1 日，日本和菲律宾签署文件，日本向菲律宾提供 500 亿日元的官方发展援助贷款。官方发展援助贷款将通过亚洲开发银行（ADB）资助菲律宾共和国。该贷款利率为 0.01%，赎回期为 15 年（包括 4 年的宽限期）。[4]

2020 年 7 月 20 日，日本与印尼签署日本对印尼 500 亿日元的官方发展援助贷款交换函。其中，支持卫生和医疗设备维护拨款 20 亿日元，用于支援印尼国内医疗基础设施和相关设备，加强卫生和医疗系统的其他款项则为促进印尼的社会经济复苏、稳定和可持续发展，并控制印尼的

---

[1] 日本外务省网站，『日・フィリピン外相電話会談』，令和 2 年 5 月 21 日，https：//www.mofa.go.jp/mofaj/page1_000858.html，登录时间：2020 年 7 月 6 日。
[2] 日本外务省网站，『日・フィリピン外相電話会談』，令和 2 年 5 月 21 日，https：//www.mofa.go.jp/mofaj/page1_000858.html，登录时间：2020 年 7 月 6 日。
[3] 日本外务省网站，『フィリピンに対する地方都市の交通渋滞緩和に係る2件の円借款及び農業・医療・人材育成支援に係る3件の無償資金協力に関する交換公文の署名』，令和 2 年 6 月 8 日，https：//www.mofa.go.jp/mofaj/press/release/press4_008474.html，登录时间：2020 年 7 月 6 日。
[4] 日本外务省网站，『フィリピンに対する新型コロナウイルス危機対応のための緊急支援（円借款）』，令和 2 年 7 月 1 日，https：//www.mofa.go.jp/mofaj/press/release/press4_008541.html，登录时间：2020 年 7 月 6 日。

新冠病毒感染传播。①

2020年7月22日，茂木敏充宣布将放宽对越南和泰国人员的入境限制以促进日本旅游业的复苏。

2020年8月4日，安倍晋三与越南总理阮春福进行电话会谈。安倍肯定了两国恢复人员流动的尝试，两国领导人同意促进两国在经济领域的合作，建立共抗危机的经济体系。安倍表示希望在2020年秋季举行的湄公河国家与日本外长会议上就全民健康覆盖和经济增长进行讨论。两国领导人还就南海局势和双边发展合作项目等地区条件交换了意见。②

8月13日，茂木敏充同新加坡外长维文（Vivian Balakrishnan）一致同意放宽日新两国的旅行限制措施。茂木敏充在与新加坡和马来西亚外长举行的会谈上提出促进有关恢复日本与新加坡和马来西亚之间的贸易活动的谈判。③

2020年8月14日，茂木敏充访问马来西亚，同马来西亚外长希沙姆丁、贸易部长雷丁等举行会谈，同意继续合作。双方商定，两国之间的外派人员，进入日本后需隔离观察14天，并于9月初启动该计划。双方确认促进双边合作，支持马来西亚主持的亚太经合组织主要会议，并保障日本公司在马来西亚的业务开展，加强双方在高附加值领域和数字领域的合作。④后续双方还就东海和南海等议题交换了意见。双方就TPP和RCEP的进展，马来西亚和新加坡之间的高速铁路计划，在马来西亚设立日本大学分校以及在国防相关领域合作交换了意见。⑤

---

① 日本外务省网站，『インドネシアに対する感染症対策及び保健・医療体制整備のための支援に係る無償資金協力及び新型コロナウイルス感染症危機対応のための円借款に関する交換公文の署名』，令和2年7月20日，https://www.mofa.go.jp/mofaj/press/release/press4_008600.html，登录时间：2020年8月6日。

② 日本外务省网站，『日・ベトナム首脳電話会談』，令和2年8月4日，https://www.mofa.go.jp/mofaj/page1_000867.html，登录时间：2020年9月6日。

③《日本和新加坡一致同意从9月起放宽入境限制》，越通社，2020年8月14日，https://zh.vietnamplus.vn/%E6%97%A5%E6%9C%AC%E5%92%8C%E6%96%B0%E5%8A%A0%E5%9D%A1%E4%B8%80%E8%87%B4%E5%90%8C%E6%84%8F%E4%BB%8E9%E6%9C%88%E8%B5%B7%E6%94%BE%E5%AE%BD%E5%85%A5%E5%A2%83%E9%99%90%E5%88%B6/121590.vnp，登录时间：2020年8月20日。

④ 日本外务省网站，『茂木外務大臣のマレーシア訪問（結果）』，令和2年8月14日，https://www.mofa.go.jp/mofaj/page1_000869.html，登录时间：2020年8月20日。

⑤ 日本外务省网站，『茂木外務大臣のマレーシア訪問（結果）』，令和2年8月14日，https://www.mofa.go.jp/mofaj/page1_000869.html，登录时间：2020年8月20日。

## 二 推动与东盟国家的战略与安全合作

日本防卫省想通过与东盟国家开展个性化交流，扩大双方的军事合作，提升日本的军事影响力。日本防卫省文件表示：为了确保亚太地区形成对日有利的和平与稳定的环境，应以日美同盟为核心，多层次地加强该地区的多边和双边对话，强化交流与合作的框架。日本将结合每个国家和地区的特点，从战略上实施防卫合作与交流，促进国际社会的多层安全合作。① 日本对东盟的战略与安全合作正是基于这样的考虑而展开的。

2020年1月6日，日本外相茂木敏充会见越南副总理兼外交大臣范平明。越南是东盟2020年的轮值主席国，对东盟的会议议程发挥着重要影响，日本加强对越合作意义重大。②

2020年5月12日，时任日本防卫大臣河野太郎同菲律宾国防部长洛伦扎纳举行电话会议，日本同样在谈话中加入了探讨南海和东海问题的议程。双方就两国之间的国防合作与交流交换了意见。河野太郎表示，继续和加强日菲防务合作与交流对维护和加强"印度—太平洋"战略至关重要。双方就以下三点达成共识：分享在抗击新冠肺炎疫情的防御措施中所获得的信息、经验教训和知识；双方国防部门有必要根据当前情况以及传染病传播情况交流对各国国防政策的影响，分享对威胁的认识；双方国防部门继续保持沟通，大力促进国防合作与交流，维护和加强"自由开放的印度—太平洋"③。

2020年5月19日，河野太郎与新加坡国防部长黄永宏举行电话会谈，就国防部门在应对新冠肺炎疫情方面的作用以及每个国家应如何合作以遏制传染病的全球传播交换了意见。日本同样在谈话中加入南海和东海问题的议程，并表明日本的主张。双方根据新冠肺炎疫情传播的现状达成三点

---

① 日本防衛省网站，『各国との防衛協力・交流・総論』，https://www.mod.go.jp/j/approach/exchange/area/index.html，登录时间：2020年8月20日。
② 加藤晶也，『RCEP早期署名へ協力 日ベトナム外相会談南シナ海問題でも連携』，日本经济新闻社网站，2020/1/6 18：301/6（月）18：10 配信，https://www.nikkei.com/article/DGXMZO54071860W0A100C2PP8000/，登录时间：2020年8月4日。
③ 日本防衛省网站，『日比防衛相電話会談について』，2020年5月12日，https://www.mod.go.jp/j/approach/exchange/area/s_e_asia/philippines/docs/20200512_j-phil.html，登录时间：2020年8月4日。

共识：要在防御感染的措施中分享信息、经验教训和知识；双方国防部门有必要就区域安全的挑战，包括传染病对两国国防政策的可能影响进行公开对话；国防部门之间继续保持沟通，并继续加强两国之间的国防合作与交流，以支持开放和包容的区域安全框架。[1]

2020年5月19日，河野太郎与印尼国防部部长普拉博沃举行电话会议。河野太郎表示，在寻求东盟发表的"东盟印度洋—太平洋展望"与日本的"自由开放的印度—太平洋"构想之间协同作用的同时，必须继续和加强日本、印尼防务合作与交流，并加入探讨南海和东海问题的议程，申明日本的立场。双方就以下三点达成共识：交流防御感染的防疫措施中所获得的信息、经验教训和知识；有必要根据当前情况以及传染病传播情况交流对各国国防政策的影响，分享对威胁的认识；继续与国防部门进行沟通，继续大力促进国防合作与交流，包括尽早举行"2+2"会议，以维护和加强"自由开放的印度—太平洋"[2]。

2020年7月20日，河野太郎与马来西亚国防部长伊斯梅尔·萨布里·雅各布举行电话会谈。河野太郎表示，日本愿意同具有共同价值观和利益的国家继续加强合作，并在一次谈话中加入了探讨南海和东海问题的议程。双方就以下三点达成一致：分享在防御感染措施中所获得的信息、经验教训和知识；根据当前情况以及传染病传播情况交流对各国国防政策的影响，分享对威胁的认识；双方国防部门继续进行沟通，大力促进国防合作与交流。[3]

## 三 促进与东盟国家的经济合作

2020年1月6日，日本外相茂木敏充访问越南，双方就推动区域全面

---

[1] 日本防卫省网站，『日シンガポール防衛相電話会談について』、2020年5月19日，https://www.mod.go.jp/j/approach/exchange/area/s_e_asia/singapore/docs/20200519_j-singa.html，登录时间：2020年8月4日。
[2] 日本防卫省网站，『日インドネシア防衛相電話会談について』、2020年5月19日，https://www.mod.go.jp/j/approach/exchange/area/s_e_asia/indonesia/docs/20200519_j-ind.html，登录时间：2020年8月4日。
[3] 日本防卫省网站，『日マレーシア防衛相電話会談について』、2020年7月20日，https://www.mod.go.jp/j/approach/exchange/area/s_e_asia/malaysia/docs/20200720_j-malaysia.html，登录时间：2020年8月4日。

经济伙伴关系协定（RCEP）尽早签署、生效达成共识，并有意扩大"全面与进步跨太平洋伙伴关系协定"（CPTPP）成员国数量。两国政府在越南北部下龙市签署了一项污水处理计划，越南获得了 119 亿日元的官方发展援助贷款。①

2020 年 1 月 10 日，在印度尼西亚雅加达访问的茂木敏充与东盟秘书处秘书长林玉辉（H. E. Dato Lim Jock Hoi）进行了会谈。茂木敏充表示，日本全面支持东盟提出的"关于印度—太平洋开放平台"（ASEAN OIP）的政策，同时，愿意将日本提出的"自由开放的印度—太平洋"（FOIP）构想和东盟提出的"关于印度—太平洋开放平台"政策协同发展，旨在为实现"自由开放的印度—太平洋"提供合作。② 双方还就缅甸拉凯恩州的形势交换了意见。双方一致认为，关于区域全面经济伙伴关系协定（RCEP），包括印度在内的 16 个国家的签署很重要，③ 说明当时日本在 RCEP 协定的签署上还想拉住印度，后来才不得不放弃印度。

2020 年 3 月 13 日，日本和老挝就"湄公河流域洪水和干旱对策计划（MRC 合作）"签署正式文本。双方认为，需要采取更复杂的洪水和干旱对策。该项目旨在通过加强柬埔寨、泰国、越南和老挝的湄公河委员会设施、人力资源和职能，加强湄公河下游地区的洪水和干旱应对，增加湄公河流域目标地区的降雨观测站和水位观测站数量。④

2020 年 3 月 24 日，日本和柬埔寨签署了援助协议，日本向柬埔寨提供两笔总计 294.17 亿日元的贷款援助，以及 3 笔总计 47.21 亿日元的赠款援助。⑤ 这些资金主要用于加强南部经济走廊的运输能力、高谷供水扩建

---

① 加藤晶也：『RCEP 早期署名へ協力　日ベトナム外相会談南シナ海問題でも連携』，日本经济新闻社网站，2020/1/6 18：301/6（月）18：10 配信，https：//www.nikkei.com/article/DGXMZO54071860W0A100C2PP8000/，登录时间：2020 年 8 月 4 日。
② 日本外务省网站，『茂木外務大臣とリム ASEAN 事務総長との会談』，令和 2 年 1 月 10 日，https：//www.mofa.go.jp/mofaj/a_o/rp/page4_005547.html，登录时间：2020 年 8 月 6 日。
③ 日本外务省网站，『茂木外務大臣とリム ASEAN 事務総長との会談』，令和 2 年 1 月 10 日，https：//www.mofa.go.jp/mofaj/a_o/rp/page4_005547.html，登录时间：2020 年 8 月 6 日。
④ 日本外务省网站，『メコン川流域洪水・渇水対策支援のための無償資金協力に関する書簡の交換』，令和 2 年 3 月 13 日，https：//www.mofa.go.jp/mofaj/press/release/press4_008360.html，登录时间：2020 年 8 月 6 日。
⑤ 日本外务省网站，『南部経済回廊の輸送能力強化等に係るカンボジア王国に対する円借款 2 件及び無償資金協力 3 件に関する書簡の交換』，令和 2 年 3 月 24 日，https：//www.mofa.go.jp/mofaj/press/release/press4_008383.html，登录时间：2020 年 8 月 6 日。

以及排雷。在柬埔寨，公路运输在其国内运输中起着核心作用，5号国道是柬埔寨的主要道路，是1号亚洲公路和南部经济走廊的一部分，并有望在湄公河地区充当工业主动脉。根据协议，5号国道修复计划（苏莱玛姆—马德望和西索邦—波贝）（第二期）将拨款177.02亿日元。在该计划成功后将使苏莱玛姆（Sule Maam）和马德望（Battambang）之间的行程时间从2019年的185分钟缩短到145分钟，而西索邦（Sisopon）和波贝（Poipet）之间的行程时间可从63分钟缩短到50分钟，预计将提高国道的运输能力，并促进泰国和柬埔寨之间的物流，助力柬埔寨经济发展。5号国道修复计划（普莱克达姆—苏莱玛姆）（第三期）付款合作的最高赠款额为1171.5亿美元。[1] 高谷供水扩建计划的补助金可达34.21亿日元。该项目旨在通过扩建塔库莫市的供水设施来改善供水服务，该市的日均供水量将从2015年的11400立方米/天增加到2026年的30000立方米/天，将有助于改善塔库莫市和金边的生活环境，并促进柬埔寨的社会发展。[2] 综合排雷和地雷受害者资助计划的补助金可达10亿日元。由于严重的地雷和未爆炸弹药，柬埔寨全国大约有2145平方公里的区域存在地雷或未爆炸弹药，且大多集中在民众聚集的农村地区。在该项目的支持下，柬埔寨的雷区面积将从2019年的284.72平方公里减少到2022年的241.96平方公里，居住在目标地区的居民92566户共计421774人将能够安全生活。[3] 此外，援助计划还将为在柬埔寨举行与东盟有关的会议提供人员运输设备等，赠款金额为3亿日元。[4]

2020年3月27日，日本和印尼共同签署了两笔日元贷款交换函，总金额为643.60亿日元，用于建设雅加达特别省的下水道系统，开发防洪基

---

[1] 日本外务省网站，『南部経済回廊の輸送能力強化等に係るカンボジア王国に対する円借款2件及び無償資金協力3件に関する書簡の交換』，令和2年3月24日，https://www.mofa.go.jp/mofaj/press/release/press4_008383.html，登录时间：2020年8月6日。
[2] 日本外务省网站，『南部経済回廊の輸送能力強化等に係るカンボジア王国に対する円借款2件及び無償資金協力3件に関する書簡の交換』，令和2年3月24日，https://www.mofa.go.jp/mofaj/press/release/press4_008383.html，登录时间：2020年8月10日。
[3] 日本外务省网站，『南部経済回廊の輸送能力強化等に係るカンボジア王国に対する円借款2件及び無償資金協力3件に関する書簡の交換』，令和2年3月24日，https://www.mofa.go.jp/mofaj/press/release/press4_008383.html，登录时间：2020年8月10日。
[4] 日本外务省网站，『南部経済回廊の輸送能力強化等に係るカンボジア王国に対する円借款2件及び無償資金協力3件に関する書簡の交換』，令和2年3月24日，https://www.mofa.go.jp/mofaj/press/release/press4_008383.html，登录时间：2020年8月10日。

础设施，计划投入资金 570.61 亿日元。该项目的实施有望促进雅加达的污水处理，并有助于改善居民的生活和卫生环境以及保护水环境。根据计划，2028 年与 2017 年相比，可从污水处理设施中受益的人口将达到 989389 人，污水处理能力预计将从 0 m³/日增加到 240000m³/日。①

另一项贷款协议是防洪部门贷款，贷款金额为 72.99 亿日元。该计划将由印度尼西亚政府资助，用于开发防洪基础设施，并加强印度尼西亚主要易受洪灾破坏的城市的流域管理办公室的组织能力。该项目的实施将有助于减少目标地区的洪灾破坏，并在中期提高对洪灾风险的应对能力。②

2020 年 3 月 30 日，日本与泰国签署有关"工业人力资源开发计划"的换函，以提供 94.34 亿日元的贷款援助。泰国现有的教育系统无法培养具有专业知识的工程师，对此泰国政府决定将日本的技术学院教育引入泰国，并于 2019 年 5 月成立了泰国第一所技术学院——国王孟库特技术学院。③ 这项合作在泰国曼谷建立并运营两家技术学院，从日本派遣教师，并提供与日本技术学院同等水平的教育。该项目的目标是培养大约 1100 名毕业生。期望这种合作将培养能够为实现"泰国 4.0"做出贡献并为泰国可持续独立发展做出贡献的工程师。④

2020 年 6 月 8 日，日本和菲律宾双方签署两笔 ODA 贷款，涉及桥梁、道路建设计划和旁路建设计划，总贷款额为 1545.05 亿日元，以及赠款援助交换函，涉及农业机械捐赠、卫生、医疗设备捐赠和人力资源开发支持等，总计 31.37 亿日元。其中日元贷款"宿雾麦克坦桥（第四桥）和沿海道路建设计划"拟拨款 1192.25 亿日元。菲律宾中部的宿雾市区是菲律宾

---

① 日本外务省网站，『インドネシアに対する円借款「ジャカルタ下水道整備計画（第 1 区）」及び「洪水制御セクター・ローン（フェーズ 2）」に関する交換公文の署名』，令和 2 年 3 月 27 日，https：//www.mofa.go.jp/mofaj/press/release/press4_008392.html，登录时间：2020 年 8 月 10 日。
② 日本外务省网站，『インドネシアに対する円借款「ジャカルタ下水道整備計画（第 1 区）」及び「洪水制御セクター・ローン（フェーズ 2）」に関する交換公文の署名』，令和 2 年 3 月 27 日，https：//www.mofa.go.jp/mofaj/press/release/press4_008392.html，登录时间：2020 年 8 月 10 日。
③ 日本外务省网站，『日本の高等専門学校型教育導入のためのタイ王国に対する有償資金協力に関する書簡の交換』，令和 2 年 3 月 30 日，https：//www.mofa.go.jp/mofaj/press/release/press4_008395.html，登录时间：2020 年 8 月 10 日。
④ 日本外务省网站，『日本の高等専門学校型教育導入のためのタイ王国に対する有償資金協力に関する書簡の交換』，令和 2 年 3 月 30 日，https：//www.mofa.go.jp/mofaj/press/release/press4_008395.html，登录时间：2020 年 8 月 10 日。

第二大都市区，截至2015年，其人口达285万人，仅次于马尼拉大都会，并正迅速发展成为菲律宾中部的贸易中心，预计到2030年将有380万人口。但是其交通能力还不能满足城市化进程的需求。该计划将支持菲律宾政府正在推动的宿雾岛和麦克坦岛的桥梁以及连接该桥的沿海公路的建设。① 日元贷款"达沃市旁路建设计划（第二阶段）"的额度为348.3亿日元。达沃市是棉兰老岛上最大的城市，也是菲律宾人口第三大城市，约163万人。近年来，该市实现了经济高速增长，作为棉兰老岛经济的推动力，其重要性有望进一步提高。该计划将支持菲律宾政府开发一条连接港口部分与城市南端的旁路公路。通过实施该计划，预计从达沃市南端到主要港口的时间将从约90分钟缩短至约50分钟，有望刺激大都会地区的经济活动并促进外国投资。② 通过提供农业机械支持增加和稳定农民的收入，赠款额为8亿日元。该计划旨在通过向菲律宾政府提供农业机械，例如拖拉机及其用于收获甘蔗的配件，来提高该国的农业生产率并减少收入不平等。③ 支持菲律宾年轻行政官员到日本学习的奖学金计划拨款限额为3.37亿日元。通过这种合作，近22名菲律宾年轻政府官员将前往日本进行研究生阶段的学习。训练有素的人力资源将为今后解决菲律宾各个领域的发展问题提供智力支持，为日本与菲律宾之间的相互了解和建立友好关系做出贡献。④

2020年7月6日，日本与缅甸双方就赠款援助"人力资源开发奖学金

---

① 日本外务省网站，『フィリピンに対する地方都市の交通渋滞緩和に係る2件の円借款及び農業・医療・人材育成支援に係る3件の無償資金協力に関する交換公文の署名』，令和2年6月8日，https：//www.mofa.go.jp/mofaj/press/release/press4_008474.html，登录时间：2020年8月10日。

② 日本外务省网站，『フィリピンに対する地方都市の交通渋滞緩和に係る2件の円借款及び農業・医療・人材育成支援に係る3件の無償資金協力に関する交換公文の署名』，令和2年6月8日，https：//www.mofa.go.jp/mofaj/press/release/press4_008474.html，登录时间：2020年8月10日。

③ 日本外务省网站，『フィリピンに対する地方都市の交通渋滞緩和に係る2件の円借款及び農業・医療・人材育成支援に係る3件の無償資金協力に関する交換公文の署名』，令和2年6月8日，https：//www.mofa.go.jp/mofaj/press/release/press4_008474.html，登录时间：2020年8月10日。

④ 日本外务省网站，『フィリピンに対する地方都市の交通渋滞緩和に係る2件の円借款及び農業・医療・人材育成支援に係る3件の無償資金協力に関する交換公文の署名』，令和2年6月8日，https：//www.mofa.go.jp/mofaj/press/release/press4_008474.html，登录时间：2020年8月16日。

计划"进行换文，总赠款限额为 6.27 亿日元。该计划旨在通过支持有望成为缅甸领导人的年轻行政官员前往日本进行研究生阶段的学习来解决缅甸的人才发展问题，并通过建立人际网络为加强双边关系做出贡献。①

2020 年 8 月 14 日，日本与联合国开发计划署缅甸办事处副代表交换了有关"选举援助计划"赠款的公文，赠款总额为 1.81 亿日元。根据缅甸现行宪法，定于 2020 年 11 月举行第三次大选。举行公正透明的选举是建立缅甸民主的重要问题。该计划将与联合国开发计划署协调并在缅甸所有投票站放置在一定时间内不会变色的特殊墨水，并使用该墨水防止所有选民的双重投票行为，从而使选举增加透明度，有助于实施高度准确的选举。②

## 四 疫情期间日本与东盟国家外交的性质、特点、影响

日本在新冠肺炎疫情期间对东盟国家的外交是日本在全球重要地区的外交之一，对于日本而言具有重要的地缘战略意义。日本对东盟国家的外交，既属于对东南亚国家开展的整体外交，也属于对东盟 10 个国家分别开展的双边外交，是一种个体性与整体性的有机结合与统一，是相辅相成、相互促进的外交。

### （一）性质

由东南亚 10 个国家组成的东南亚国家联盟和日本已经建立了 40 多年的合作关系，并形成了紧密的商业伙伴关系。日本认为，作为区域合作中心的东盟，是有着和日本相近的法治和民主等价值观的合作伙伴，加深双方合作与一体化，符合日本的地区利益。③ 这种情况反映了日本对东盟外

---

① 日本外务省网站，『ミャンマーに対する無償資金協力「人材育成奨学計画」に関する交換公文の交換』，令和 2 年 7 月 6 日，https://www.mofa.go.jp/mofaj/press/release/press4_008553.html，登录时间：2020 年 8 月 16 日。
② 日本外务省网站，『ミャンマー連邦共和国に対する無償資金協力「選挙支援計画」に関する交換公文の交換』，令和 2 年 8 月 14 日，https://www.mofa.go.jp/mofaj/press/release/press6_000662.html，登录时间：2020 年 8 月 16 日。
③ 日本外务省网站，『日・ASEAN 協力とは』，令和 2 年 2 月 18 日，https://www.mod.go.jp/atla/pinup/pinup300831_03.pdf，登录时间：2020 年 8 月 16 日。

交关系的认识，也能够彰显日本对东盟外交的性质。

日本对东盟外交，是基于日本国家战略价值和利益的，侧重于推动同东盟的经济合作关系，为日本赢得经济利益，并寻求自由、法治、民主、人权等价值观的一致，推动建立符合日本利益的区域国际环境。在经济上，日本在历史上就重视同东盟的经济合作，希望能够通过经济合作，赢得并维护日本的经济利益。在地缘上，东盟国家对日本来说有着重要的安全战略价值。这里不仅物产丰富，而且是亚洲重要的市场，经济发展速度较快，同时又地处战略要冲，控扼马六甲海峡，是中东、非洲和欧洲同亚洲进行经贸往来的必经之地。对日本的石油和原料供应而言，属于生死之地，不可或缺，所以必须同东盟国家搞好关系。在价值观上，东盟在建立之初就属于由资本主义的市场经济国家组成的地区集团，和日本的政治经济体制有相似之处。尽管后来有越南等国加入，但原有的框架体系仍然作为主导，比较尊重自由、民主、法制和人权等价值观念，日本对这些价值观念的强调，有利于塑造日本同东盟国家具有相同价值观念的全面合作。

## （二）特点

新冠肺炎疫情期间，日本对东盟国家的外交深刻地打上了疫情的烙印，同时，也是以往日本对东盟战略关系的继承和发展。

第一，疫情外交是日本对东盟外交的先导。在疫情期间，日本对东盟外交，往往将疫情作为对话的"引子"，首先交流双方对新冠肺炎疫情蔓延局势的看法，并交流防治新冠肺炎疫情的政策措施及其效果等。日本是防治新冠肺炎疫情比较好的国家，同时其自身又有本国公司研发的对新冠肺炎疫情有一定疗效的治疗药物法匹拉韦，一些东盟国家也向日本申请获得此种药物，因此，在日本同东盟国家进行有关疫情的交流和磋商当中，日本一般都占据着主导地位和优势。

第二，政治外交是日本对东盟外交的主导。时任日本首相安倍晋三等日方领导人特别重视并强调日本同东盟的战略关系，日本同东盟国家具有相同的价值观，以此来引领日本同东盟国家之间的关系。这实际上是要将日本同东盟的关系，建立在一个大的政治框架范围之内，以此来框住双边关系不偏离日本所倡导的价值观框架，继而突出了日本在与东盟国家外交当中的主导地位。

第三，地区战略和地区安全内容是日本在开展同东盟国家关系当中最为重视的内容。日本实际上所针对的目标主要是中国。日本要通过外交手段拉拢东盟国家，形成在地区问题和海洋问题上的统一见解，以便对抗中国在这些问题上的外交权益主张。日本领导人尤其喜欢向东盟国家领导人游说，特别是在海洋问题上，明显指向中国。因此，我们应当注意，即使在新冠肺炎疫情泛滥严重的时期，日本也不忘记联合东盟国家，在安全保障和军事战略上，在国际法的法理上，牵制和对抗中国的战略企图。

第四，大力开展经济外交，推动同东盟国家的经济合作，是日本疫情期间对东盟外交的重要内容。其中包括为东盟国家培养人才提供赠款、贷款，为推动东盟经济社会发展和基础设施进行贷款，并由日本公司参与工程建设，既发挥日本经济界的影响力，以经济合作为手段促进同东盟国家关系的改善，同时也推动了日本企业到东盟地区投资和施工，赢得日元贷款的工程利益，扩大日本经贸品牌的影响力。

第五，日本对东盟国家的外交具有大体上相同的外交模式和思路。一般首先安排对于疫情的交流和阐述，接着探讨双边关系的具体内容，包括外交往来、经济合作等。重要的话题则往往在于阐述对于东海问题、南海问题和地区新近事态的看法，很明显，这不是战略和安全问题，而是日本对东盟国家外交当中的重中之重，是日本最器重磋商和阐明政策观点的问题。从这种安排上也可以看到，日本对于海洋和地区安全的关切，对中国的忧虑、怀疑、抵抗，以及要拉拢东盟国家对抗中国的战略安全企图。

第六，在对东盟国家开展的外交当中，日本对越南和菲律宾的外交尤其突出。日本新任首相菅义伟 2020 年 10 月的首次出访即包括了越南。日本高层和越南的交往联系最为频密，而给菲律宾的建设贷款项目最多，一次就达 1500 多亿日元，这么大的规模在日本对东盟国家援助外交当中是少有的。日本为什么如此重视东盟中的这两个国家呢？如果按人口计算，两国不如印尼，但也算是东盟国家中的大国。最重要的原因可能在于，越南和菲律宾处在同中国在南海岛礁和海洋争夺问题上的前线，日本想通过同这两个国家紧密的外交联系，乃至于经济上的大手笔付出，拉住这两个国家，同日本在南海问题上形成互动，这可能是日本方面最主要的考虑。

在疫情期间，日本还成功地同菲律宾达成向其国防部出售 4 套先进移动雷达的合同。该项军事装备的出口，从 2020 年 3 月谈判的 5 亿美元，一直降到当年7月达成协议的1.3亿美元。换言之，日本就算赔了血本，也要向菲律宾出口相关雷达装备；或者可能是日本初期要价太高，其中虚报价格的成分过大，最后被菲律宾方面挤干了水分，才达成协议。这是在2014年日本制定防卫装备转移三原则之后，在国际市场上军事装备的一次重大出口行为，标志着日本研制生产的军事装备开始打入国际市场。而且这种市场销售的目标比较明确，主要是制约中国。因为菲律宾在获得这种海空移动式雷达以后，将有利于菲律宾在南海地区对中国军舰和飞机的监控。

第七，日本对东盟国家的外交模式比较统一固定，具有很大的程式化特点。日本每次都要谈新冠肺炎疫情方面的问题自不必说，这体现了疫情期间外交的一个共性特点。最有意思的是，日本防卫相在同东盟国家国防部长进行会谈之时，都要在最后达成三点共识，主要包括：分享疫情信息、经验教训和知识；分享从国防视角对疫情威胁的认识；继续大力促进国防合作与交流。这三点共识几乎像日本对东盟国家防卫外交的模板一样，深深地打上了日本的烙印。

第八，非接触外交成了疫情期间的主要外交模式。在疫情期间，日本对东盟国家的外交级别较高，都由日本主要领导人来统领或直接出面，包括首相、外相、防卫大臣等直接出面，进行直接交往。但由于疫情的原因，直接访问和面对面会谈的情况却很少，大部分以电话会谈、视频会议的形式推进外交活动，真正体现出日本对东盟外交在疫情期间的特色。

第九，日本对东盟国家的外交基础并不均衡，能够明显地看出重视东盟国家中的大国，以及与中国有岛礁争端的南海前线国家，而相对比较忽略东盟中的小国。从日本高级领导人视频会议电话会谈的频率和频次中我们可以看到，在疫情期间，日本领导人会晤较多的是越南、菲律宾、马来西亚、印度尼西亚等东盟国家的领导人，而与柬埔寨、泰国、老挝等国家的领导人的接触则相对较少。

## （三）影响

在新冠肺炎疫情期间，日本对东盟国家的外交并没有引起大的反响，是属于日本外交正常程序和政策范围内的事情。这也和日本平常的低调外交风格相一致,"随风潜入夜,润物细无声",通过小步子推进,逐渐积累大成果。

第一,日本日常就重视同东盟国家展开外交,在疫情期间也不例外。通过疫情期间同东盟国家进行频繁的外交接触,拉近了日本和东盟国家之间的关系。日本低调的外交风格很容易被东盟国家所接受,导致东盟国家普遍对日本有好感。疫情期间的日本对东盟外交也获得了这种效果。

第二,日本是防范疫情比较好的国家,疫情外交能够发挥日本的特长,可以向东盟国家提供本国公司研制的药物。在治疗新冠肺炎疫情的医疗水平和防治能力上,日本要远远高于东盟国家,所以疫情外交不仅容易让日本发挥本国的优势,包括医学的优势、技术的优势、防护的优势等,还能彰显日本的科技优势。但是,东盟国家也并非完全被动,日本特别依赖从东盟国家进口口罩、防护服等防护用品。日本国内生产这些防疫产品的能力很弱,无法满足日本国内的需要,只能从东盟国家大量订购。越南、马来西亚等国家因为要赶制这些防护用品,而扩大了对外出口,赚取了大量的外汇。

第三,通过这些年日本对东盟国家不断的游说活动,也包括疫情期间的游说活动影响了东盟国家对于海洋问题的判断。东盟国家过去在南海问题上存在着较大的分歧,然而,2020年出现日趋一致的倾向。2020年6月26日,东盟十国峰会以后,6月27日越南代表东盟国家发表声明表示,在海洋权利、主权、管辖权等问题上,东盟重申以1982年《联合国海洋法公约》为基本准则,所有海洋活动必须在这份公约的框架内进行。当然发挥最大影响的外部力量恐怕还不是日本,而是美国。但日本在南海问题上,尤其是它同东盟国家的外交关系,的确产生了对中国不利的影响,并有损于中国在南海地区的主权声索和主权权利。

第四,日本对东盟国家的援助外交,其项目范围广泛,从一般的基础设施建设,到帮助东盟国家解决民生问题,甚至还有人道主义的排雷赠款支援,培养人才的奖学金计划,选举设施支援计划等。这些都促进了日本外交,并在东盟国家民众中赢得了民心,有利于提升日本在东盟国家民众中的形象。

第五,不仅将东盟拉入印太战略当中,而且将东盟稳定在印太战略的框架当中。在疫情期间,在日本对东盟的外交接触中,日本高级领导人尤其重视强调印太战略框架。日本不仅表示支持东盟提出的"关于印度—太平洋开放平台"（ASEAN OIP）的政策，同时，愿意将日本印太战略同东盟的印太战略协调发展，为实现"自由开放的印度—太平洋"提供合作。[①]其目的就是要稳定东盟，在印太战略的框架当中，扩大日本印太战略的助力和影响力。自从2016年8月时任日本首相安倍晋三提出印太战略以后，日本外交到处宣扬印太战略的概念，2017年11月，美国接受了这个概念。2019年6月22日至23日在曼谷举行的第34届东盟峰会上正式通过了"东盟印度洋—太平洋展望"（ASEAN Outlook on Indo-Pacific）。这是东盟发布的首份关于印度洋—太平洋地区秩序的区域架构倡议，其目标是发挥东盟集体领导作用，形成和塑造更密切的印太合作。这标志着东盟作为一支重要的区域力量正式接受了"印太"这个地缘政治经济新概念。疫情期间的日本外交，也多方阐发了印太战略构想，致使安倍首相提出的这一战略构想，得到了更广泛地区国家的响应和支持。尽管各国各地区的印太战略和安倍的构想不尽相同，但能够持续不断地使用这样的概念，也算是日本原创外交战略的一种胜利和影响扩大。

第六，日本疫情期间对东盟国家的防疫外交，不仅增进了日本同东盟国家的友好关系，深化了彼此之间的合作与政治、安全互信，同时也有促进地区安全、日本安全乃至世界安全的意义。因为东盟国家医疗条件和医疗水平比较落后，日本对其进行医疗援助，有助于它们摆脱新冠肺炎疫情蔓延的困境，遏制疫情的发展。再加上日本和东盟国家往来比较密切，控制住东盟国家的疫情，有助于日本国民的安全。同时，在全球化的大背景下，控制疫情也有助于世界的整体安全。这并非给日本对东盟疫情外交无限上纲、上线和拔高，实际上在日本对东盟国家医疗和疫情援助项目当中，在此方面基本上都有明确的表述。

2020年7月20日，日本签署对印尼官方发展医疗设备援助500亿日元的贷款交换函。日本外务省认为，新冠肺炎疫情在全球传播对包括日本在内的所有国家的经济和社会构成了重大威胁，因为人员和货物往来，已成为整个世界的严重危机，不仅从直接关系着日本居民健康和安全的角度出发，而且从预防和减轻进一步向日本感染的角度来看，防止病毒在卫生

---

① 日本外务省网站，『茂木外務大臣とリムASEAN事務総長との会談』，令和2年1月10日，https://www.mofa.go.jp/mofaj/a_o/rp/page4_005547.html，登录时间：2020年8月16日。

和医疗系统脆弱的发展中国家的传播非常重要。① 这说明日本是把防范东盟国家的疫情当作地区和世界整体疫情的一部分,以及与日本具有密切关联度的重要事情加以对待的,实际上也多多少少发挥了对东盟地区抗疫和世界抗疫的积极正面的作用。

　　日本和东盟之间的关系是典型的相互依赖的伙伴关系。在政治方面,日本通过塑造双边关系中共同价值观来拉近双边距离,加强相互之间的信赖关系;在经济上,不断加大合作力度,扩大对东盟国家的贸易和投资,形成不对称依赖。日本依赖东盟的原料和市场,东盟国家依赖日本的资金和技术,在相互依赖中获得不对称的利益分享与共赢关系。在安全方面,双方相互利用,互相借助,互相支持。其中日本利用东盟国家的方式更多,能力更强。而东盟国家相较于日本而言,还处于相对弱势的状态。类似于越南、菲律宾、马来西亚这些毗邻南海的国家,更多地通过获得日本的支援,包括巡逻船、巡逻舰、军机方面的供给,以及日本在南海政策上的宣传和造势,改进本国的安全环境与安全能力。

# Japan's Diplomacy towards ASEAN Countries during the COVID-19 Pandemic

*Zhou Yongsheng*

**Abstract**　During the epidemic, Japan's diplomacy with ASEAN was actually the continuation and development of Japan's traditional diplomacy with ASEAN, and at the same time it had the characteristics of epidemic prevention diplomacy during the epidemic. Carried out epidemic cooperation with ASEAN countries; promoted strategic and security cooperation with ASEAN countries; promoted economic cooperation with ASEAN countries. Japan's diplomacy with ASEAN was based on Japan's national strategic values and interests, focusing on

---

① 日本外务省网站,『インドネシアに対する感染症対策及び保健・医療体制整備のための支援に係る無償資金協力及び新型コロナウイルス感染症危機対応のための円借款に関する交換公文の署名』,令和 2 年 7 月 20 日,https://www.mofa.go.jp/mofaj/press/release/press4_008600.html,登录时间:2020 年 8 月 16 日。

promoting economic cooperation with ASEAN to win economic benefits for Japan; seeking freedom, the rule of law and democratic values, and promoting Japan's international political ideas and national security. Interests, an important means to maintain the security and prosperity of Japan, the region, and the world. The relationship between Japan and ASEAN was a typical interdependent partnership. In terms of politics, Japan narrowed the distance between the two countries and strengthened the trust relationship between the two countries by shaping the common values of the bilateral relationship; economically, they continued to increase cooperation. Strengthen, expanded trade and investment with ASEAN countries, and form asymmetric dependence and a win-win relationship. In terms of security, they also used each other, relied on each other, and supported each other.

**Key Words**　COVID-19; Japanese diplomacy; Japan-ASEAN; economic cooperation; defense cooperation; strategic cooperation

**Authors**　Zhou Yongsheng, the Institute of International Relations in China Foreign Affairs University, Professor, Ph. D. Supervisor.

# 中国对缅"债务陷阱论"?
## ——缘起、影响与应对

罗会琳

**【摘要】**"债务陷阱论"在缅甸传播的背后蕴涵着深刻的大国博弈背景与话语建构目的。本文通过对缅甸外债结构的分析发现,缅甸政府在债务管理上一直有所作为,有意识地管控自身债务问题,加强对债务结构的管理以维持债务的可持续性。本文的研究证伪了中国对缅"债务陷阱论"。对该舆论的澄清一方面为中缅之间的投资合作与中缅命运共同体建设提供有益的舆论导向,另一方面对"一带一路"倡议在周边国家的推进提供案例借鉴。

**【关键词】** 中缅关系　债务陷阱　中缅经济走廊

**【作者简介】** 罗会琳,外交学院国际关系研究所,博士研究生。

## 引　言

"债务陷阱论"是西方媒体与学者针对中国"一带一路"倡议的攻讦,是针对中国海外利益扩展与维护的抵制与污名化。随着海外媒体尤其是印度学者的推波助澜,参与"一带一路"倡议的中国周边国家也受到了该舆论的影响。关于中国"债务陷阱"的指控从斯里兰卡、巴基斯坦等国家也逐步蔓延至缅甸,形成了对中国的舆论攻势。在中缅两国进一步加强中缅经济走廊建设的背景下,有效化解负面舆论是当前推动两国关系发展的迫切要求。中缅是重要的命运共同体与合作伙伴,深入研究中国是否在缅甸"制造"了债务陷阱以及减少该不利言论的外溢效应,分析缅甸的外债结构与偿债能力,以建立起行之有效的中缅债务管理机制,是推动中缅关系稳步向前亟待解决的问题。

# 一 文献综述

目前国内外学界对于中国"债务陷阱"的研究已具有较好的基础与成果,这些研究主要聚焦于两个领域。

一是国内外学者关于"债务陷阱"的相关研究主要集中于中国的周边地区包括南亚(斯里兰卡等)、东南亚(马来西亚、菲律宾、巴基斯坦、老挝等)以及部分非洲国家(肯尼亚、吉布提等),特别集中于"一带一路"沿线国家。斯里兰卡的债务问题早在1985年便引起了学者李丽莎的关注。她通过研究发现,斯里兰卡因畸形的经济结构、广泛的社会福利补贴政策、财政收支连年赤字、国内基建项目投资过大、种族骚乱等原因而陷入了债务泥潭。[①] 自2016年以来,国内学者对斯里兰卡的外债问题展开了广泛的研究与论述。在中国的周边地区,李金明通过分析中国对菲律宾投资贷款的利率和中国对菲律宾投资建设的具体项目,认为"债务陷阱"是个不存在的伪命题。[②] 欧洲南亚研究基金会发布报告称,巴基斯坦严重依赖国际货币机构的外国援助,并认为中巴经济走廊存在一定的问题,它给巴基斯坦造成的债务可能会使其金融体系崩溃,从而使巴基斯坦成为一个"附庸国"[③]。在中国对非合作方面,国内学者都对中国对非援助与投资的"中国债务陷阱"予以驳斥:卢凌宇和古宝密[④]、周玉渊[⑤]等学者都对中国对非制造"债务陷阱论"予以了驳斥。这些学者研究发现,中国并没有在非洲制造债务陷阱,中国的投融资为非洲国家的经济社会发展起到了

---

[①] 李丽莎:《论斯里兰卡的外债问题》,《南亚研究》1985年第3期,第39—43页。
[②] 李金明:《"一带一路"建设与菲律宾"大建特建"规划——对"债务陷阱论"的反驳》,《云南社会科学》2019年第4期,第1—7页。
[③] "The 'New Great Game': China's Debt-Trap Diplomacy", *EFSAS*, October 23, 2017, https://www.efsas.org/publications/study-papers/the-new-great-game-chinas-debt-trap-diplomacy/,登录时间:2020年3月8日。
[④] 卢凌宇、古宝密:《怀璧其罪:中国在非洲推行"债务陷阱式外交"?》,《西亚非洲》2020年第1期,第27—46页。
[⑤] 周玉渊:《中国在非洲债务问题的争论与真相》,《西亚非洲》2020年第1期,第3—26页。

重要的推动作用。在非洲的国别研究方面，陈甬军等对肯尼亚的债务可持续问题进行了研究，认为肯尼亚并未陷入债务陷阱，肯尼亚的债务问题与中国无关，是由其自身财政赤字规模过大和资本预算执行率低等原因造成的。① 中国参与吉布提港建设，也使其成为域外势力攻击中国"新殖民主义""军事入侵非洲"和施加"中国债务陷阱"的常例。卢光盛等则结合吉布提自身的意愿以及中国投资的合理性认为，吉方并未陷入"中国债务陷阱"②。

"债务陷阱论"的势头逐渐聚焦到中国周边国家及地区，作为与中国毗邻而居的缅甸也受到部分程度的影响。首先，关于中国对缅制造"债务陷阱"的言论主要是由以美国为代表的西方国家兴起的，并且主要聚焦于中缅合作的重大项目——皎漂深水港项目。其次，随着中国资本在马来西亚、斯里兰卡、巴基斯坦等国引发出"债务陷阱"的争议，缅甸政府和民间对于巨额的中国投资也难免有所顾虑。摩尼什·陶兰格般（Monish Tourangbam）和帕万·阿敏（Pawan Amin）将皎漂港和经济特区项目与日本投资开发的狄诺瓦和图瓦经济特区进行比较发现，与缅甸保留控股权的日本项目不同，在中国对缅投资项目中，中国持有51%的股份，这强化了所谓的"债务问题"③。因此，他们认为，缅甸也有可能陷入中国的"债务陷阱"。

针对西方学者对于中国对缅投资的指控，学者李晨阳认为，外国炒作皎漂港项目的"投资陷阱"或"债务陷阱"，是对"一带一路"倡议的污名化，本质上是"中国威胁论"和"新殖民主义"的翻版。王秋彬等则认为"中国债务陷阱论"的兴起从根本上说缘于美国与印度等国家面对中国迅速崛起而产生的战略焦虑。④ 在论证方面，李晨阳、张添提出缅甸国际债务状况的好坏取决于缅甸的经济实力、外债所占国内生产总值的比例等

---

① 陈甬军、李雅洁、佘天诚：《"一带一路"建设中合作国家债务可持续性研究——基于对肯尼亚债务风险的评估风险》，《价格理论与实践》2019年第7期，第30—34页。
② 卢光盛、马天放：《"一带一路"建设中的"99年租期"风险：由来、影响及应对》，《亚太经济》2020年第1期，第1—11页。
③ Yun Sun, "China's Latest Myanmar Megaproject Courts Controversy", Asia Review, November 07, 2017, https: //asia. nikkei. com/Opinion/China-s-latest-Myanmar-megaproject-courts-controversy2, 登录时间：2020年3月1日。
④ 王秋彬、李龙龙：《"中国债务陷阱论"的兴起及其实质》，《吉林大学社会科学学报》2020年第60卷第2期，第127—134页。

几个因素，认为中国并未在缅甸制造"债务陷阱"①。但是他们并未对缅甸的债务问题进行深层分析。刘务等利用数据分析中国对缅甸的贸易、投资以及缅甸的经济发展和债务问题，认为缅甸并未陷入债务危机。② 此外，他们在整理相关文献时发现，有不少报告将缅甸列为债务危机风险较低的国家。全球发展中心发布的由约翰·赫尔利（John Hurley）等撰写的报告主要借鉴国际货币基金组织和世界银行的债务可持续性分析，将包括缅甸在内的八个国家视作处于债务危机低风险的"未评级"国家。国际货币基金组织与世界银行最近的报告显示，摩尔多瓦、缅甸和尼泊尔的债务危机风险较低。该报告还附上了中国政府对于缅甸采取的债务减免措施。③

纵观现有的研究，学者与研究机构以往的文献为本文提供了很好的研究基础，但其关于缅甸的债务数据分析研究得过少。李晨阳等从缅甸的经济实力、缅甸外债占国内生产总值的比例两个方面论述了关于中缅经济走廊的"债务陷阱"炒作，指出关于缅甸陷入"债务陷阱"的报道也主要集中于中国在缅投资的皎漂深水港项目，对缅甸是否陷入中国制造的"债务陷阱"的说法也存在争议。多数学者对于"债务陷阱论"的回应还停留在话语层面，较少有学者从实证角度对该问题进行研究。以往的研究还缺乏对缅甸国内外债的历史发展以及中国在缅甸投资历史的全面分析，也没有结合缅甸自身的因素展开探讨。本文将对缅甸债务的历史发展做一个简要的梳理并结合中国在缅投资的历史，针对中缅经济交往和缅甸实际债务状况提出建设性的意见。

## 二 "债务陷阱论"的缘起

自2013年"一带一路"倡议提出以来，中国逐步增加了对外援助、基础设施投资、能源项目合作等经济外交活动，国际上对"一带一路"倡

---

① 李晨阳、张添：《被炒作的中缅经济走廊建设中的"债务陷阱"》，《世界知识》2019年第8期，第73页。
② 刘务、刘成凯：《中缅经济合作：是"债务陷阱"还是发展机遇？》，《南亚研究》2020年第2期，第130—151页。
③ John Hurley, Scott Morris, and Gailyn Portelance, "Examining the Debt Implications of the Belt and Road Initiative from a Policy Perspective", *CGD Policy Paper* 121, https://www.cgdev.org/sites/default/files/examining-debt-implications-belt-and-road-initiative-policy-perspective.pdf, 登录时间：2019年12月29日。

议的攻讦不断出现，这些攻击也逐步聚焦到中国与"一带一路"倡议相关沿线国家之间项目合作所产生的债务问题上。"债务陷阱"或"债务外交"被西方国家的某些政府官员、学者和媒体用作批评中国"一带一路"倡议的工具。

首先，中国海外投资项目的拓展以及维护海外利益的措施，被西方国家媒体污蔑为中国在"一带一路"倡议沿线国家制造"债务陷阱"。"债务陷阱"一词是在中国增加海外投资之后被杜撰出来的，后来又被用来指责中国的"一带一路"倡议。最初关于中国的债务指责主要源自非洲。事实上，中国与非洲的合作由来已久，早在21世纪初，中国便逐渐增加了与非洲国家之间的基础设施合作。西方学者认为，中国与非洲国家之间的大量合作加强了中国对非洲穷国的经济影响力，导致中国对非洲援助、投资以及非洲国家外债迅猛增长。[1] 中国对非洲的援助总额增长，主要包括基础设施和自然资源开发项目援助额度呈指数级增长，使非洲成为仅次于拉丁美洲的第二大地区受援国。[2] 中国在非洲的经济活动被冠以新的帝国主义式的"债权帝国主义"之名，被指斥为对非洲国家实行"债务陷阱外交"[3]。美国前国务卿蒂勒森在出访非洲时也指责中国在非洲的经济发展模式使非洲国家陷入债务困境。[4]

其次，印度等大国的推波助澜推动了这一不利言论的进一步发酵。印度对"债务陷阱论"向西方的传播起到了推波助澜的作用，可以说，印度是所谓全球债务陷阱论链条中的重要一环。紧随其后，该言论得到以美国为首的政要、媒体、学者的公开传播与报道。2017年，印度学者布拉马·切拉尼（Brahma Chellaney）称，中国通过"一带一路"倡议使一些国家

---

[1] 卢凌宇、古宝密：《怀璧其罪：中国在非洲推行"债务陷阱式外交"？》，《西亚非洲》2020年第1期，第28页。

[2] Charles Wolf, Jr., Xiao Wang, Eric Warner, "China's Foreign Aid and Government-Sponsored Investment Activities: Scale, Content, Destinations, and Implications", *RAND Corporation*, 2013, p. 30, https://www.rand.org/content/dam/rand/pubs/research_reports/RR100/RR118/RAND_RR118.pdf., 登录时间：2020年1月3日。

[3] David Ndii, "China's Debt Imperialism: The Art of War by Other Means?" *The Elephant*, August 18, 2018, https://www.theelephant.info/op-eds/2018/08/18/chinas-debt-imperialism-the-art-of-war-by-other-means/, 登录时间：2020年1月3日。

[4] Abdi Latif Dahir, Yomi Kazeem, "China is Pushing Africa into Debt, Says America's Top Diplomat", *Quartz Africa*, March 7, 2018, https://qz.com/africa/1223412/china-pushes-africa-into-debt-says-trumps-top-diplomat-rex-tillerson/, 登录时间：2019年12月20日。

背负着巨额债务以提升中国的影响力。① 随着印度学者及媒体的报道，西方国家开始大肆借助"债务陷阱论"对中国及"一带一路"倡议进行舆论炒作，印度与西方形成了议题上的亲密互动，推动相关舆论的大肆传播。② 相关学者与科研机构也针对债务问题进行过研究。法国国际关系研究所发布的报告《中美竞争中的欧洲》（Europe in the Face of US-China Rivalry）称，中国利用"一带一路"倡议在中欧和东欧的小国之间利用"债务账簿外交"增加基础设施投资，并迫使小国做出让步。③ 国外大多数研究与报道多呈负面。但同时，西方部分媒体也存在着对中国"债务陷阱论"相对客观的评论。美国知名咨询公司荣鼎集团（Rhodium Group）发布的一份报告认为，中国的"一带一路"倡议并未像美国等一些国家所批评的那样，通过制造所谓"债务陷阱"来抢夺债务国的宝贵战略资产，外界对于中国政府借"一带一路"倡议制造"债务陷阱"的指责似乎站不住脚，有关"一带一路"倡议的债务风险常常被夸大或歪曲了。④ 同时，约翰斯·霍普金斯大学中非研究所的研究报告也称："从2000年到2017年，中国政府、银行和承包商签署了对非洲政府及其国有企业的1460亿美元贷款承诺，中国对非贷款融资多种多样。非洲许多国家确实有令人担忧的债务问题，但是我们可能高估了中国对非洲国家的贷款，多数非洲国家的债权方并非中国。"⑤ 美国政治科学家德博拉·布劳蒂加姆（Deborah Brautigam）回顾了一系列关于中国在安哥拉、吉布提、斯里兰卡和委内瑞拉等国家参与国际事务的报道，推翻了西方媒体对于中国"债务陷阱"的报道。最后她向学

---

① Brahma Chellaney, "China's Debt-Trap Diplomacy", *Strategist*, January 24, 2017, https://www.aspistrategist.org.au/chinas-debt-trap-diplomacy/，登录时间：2020年1月3日。
② 美日等大国政要都对该议题发表过言论。美国前副总统彭斯在亚太经合组织（APEC）工商领导人峰会上，指责中国在"一带一路"倡议框架下推行大型基础设施项目，其中许多低质量项目给发展中国家带来沉重的债务负担。日本首相安倍晋三在会上提出APEC区域内接受基础设施投资的国家应确保透明度和财务健全性的要求，以呼应美国。
③ Mario Esteban and Miguel Otero-Iglesias, "Europe in the Face of US-China Rivalry", *IFRI*, January 2020, https://www.ifri.org/sites/default/files/atoms/files/etnc_report_us-china-europe_january_2020_complete.pdf，登录时间：2019年12月20日。
④ Charles Wolf, Jr., Xiao Wang, Eric Warner, "China's Foreign Aid and Government-Sponsored Investment Activities", *The RAND Corporation*, September 18, 2013, https://www.rand.org/pubs/research_reports/RR118.html，登录时间：2019年11月10日。
⑤ Deborah Brautigam, Kevin Acker, "Is China Hiding its Overseas Lending? Horn, Reinhart and Terborch's 'Hidden Loans' and Hidden Data", *China Africa Research Initiative*, April 1, 2020, http://www.chinaafricarealstory.com/，登录时间：2019年12月9日。

术界、媒体界和政策界提出建议，认为应该以一种批判性的视角看待关于中国的"债务陷阱"的报道。① 这些报告与研究为中国应对"债务陷阱论"提供了很好的视角，也为处理"一带一路"沿线国家的债务问题提供了分析案例。

再次，中国与缅甸双边关系的靠近使缅甸成为"债务陷阱论"新的舆论聚焦点。近年来，中国已成为东南亚发展中国家外国直接投资的最大来源国，中国在缅甸、老挝和柬埔寨的投资出现了增量增长，这引起了西方的关注。纵观中国在缅投资的历史与进程，可以发现，其深受两国关系以及区域安全环境变化的影响。了解中国对缅甸的投资发展历史，可以从中窥探出"债务陷阱论"在缅甸的消长。2008年以前，中国对缅甸的直接投资额微不足道，这受到缅甸历史环境与国内军政府统治的影响。然而，从2008年到2011年，由于密松水电站、莱比塘铜矿和中缅油气管道三大投资项目的敲定，中国的投资大幅增加。尽管自2011年缅甸与西方国家关系逐渐升温以来，缅甸已开始将其外国投资来源多样化，但根据其投资暨公司管理局的数据，中国仍然是其外国直接投资的最大来源国，约占外国直接投资总额的20%。② 但是，因这一时期中国与缅甸的关系还停留在经济合作层面，一方面，缅甸在靠近中国的同时，更多地持防范戒备心理。另一方面，缅甸则努力投向欧美国家的怀抱，在缅甸"八面玲珑"的外交战略下，从未有中国在缅甸制造"债务陷阱"这一说法。2011年3月，缅甸吴登盛政府上台，缅甸的营商环境不断改善，为中缅经贸、文化合作提供了更多的机会，2010—2012年，中国对缅投资掀起一波高潮，总额达到126亿美元。但由于缅甸在与中国加深合作的同时，也逐步恢复了与西方国家的关系，为中缅经济关系带来了一些不确定因素。发达国家不断加大对缅投资力度在一定程度上挤压了中国企业在缅的投资，随后中国在缅投资呈下降趋势。在"一带一路"倡议提出后，中缅经贸合作方式与内容又有所更新，中国逐渐加强了对缅甸的投资（见图1）。

缅甸是"一带一路"倡议和中国其他经济计划的潜在合作国家。就外国投资数据而言，中国现在是缅甸最大的投资国和最大的贸易伙伴。尽管

---

① Deborah Brautigam, "A Critical Look at Chinese 'Debt-Trap Diplomacy': The Rise of a Meme", Area Development and Policy, Vol. 5, Issue 1, pp. 1–14.
② 缅甸国家计划和经济发展部下属投资暨公司管理局，Directorate of Investment and Company Administration, https://www.dica.gov.mm/，登录时间：2019年12月20日。

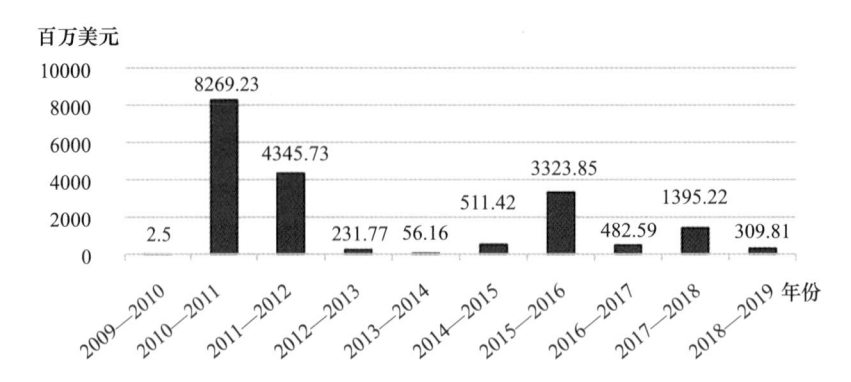

**图 1　2009—2018 年中国在缅年度投资额**

资料来源：根据缅甸投资暨公司管理局数据整理。

中缅之间存在合作不顺利的历史，但是并不影响新时代两国的合作。在罗兴亚人危机之后，在西方的大肆批评下，缅甸在战略态度上转向中国，在经济上逐渐加强了与中国的合作。截至 2018 年 10 月，中国是缅甸最大的投资来源国和最大的贸易伙伴。单从中国在缅投资情况来看，从图 2 数据中可以得知中国在缅甸投资的情况。中国在缅甸的投资主要集中在水电、石油和天然气以及采矿业领域。大量的中国投资进入缅甸也使缅甸民众产生了一定的想法。经济开发建设必定会对当地的生态环境造成一定的破坏，"债务陷阱论"在中国投资大量进入缅甸后逐渐发酵。

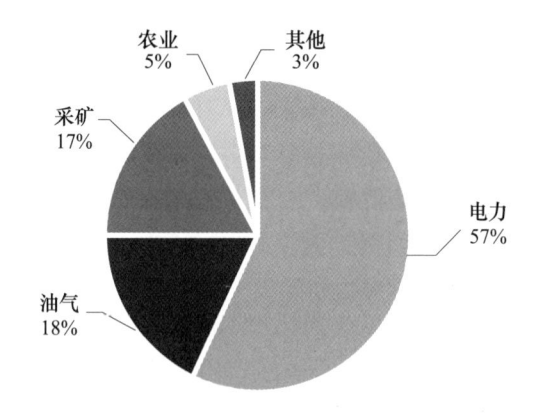

**图 2　2018 年中国在缅甸投资的主要领域占比（%）**

资料来源：根据缅甸投资暨公司管理局数据整理。

在缅甸再次倾向于中国的背景下，中缅之间的经济合作愈加密切。中国在"一带一路"倡议指导下进一步加大了对缅投资。2018年2月,缅甸政府与中国政府签署了《中缅经济走廊合作谅解备忘录》,缅甸政府内阁2018年5月初批准了该谅解备忘录,这表明中国投资者将来将继续在缅甸发挥重要作用。在2020年1月习近平主席对缅甸为期两天的访问中,中缅两国领导人签署了33项协议,涉及基础设施、建筑、制造、农业、交通、金融、人力资源开发、电信等15个领域,作为关键项目支持"一带一路"倡议。两国同意加快实施中缅经济走廊项目,这是一项投资额达数十亿美元的庞大的基础设施建设计划,两国在基础设施、深海港口建设、新城市项目等领域将进一步拓展合作空间。近年来,外国直接投资已成为缅甸最突出和最热议的问题。中国在缅甸的大量投资也受到缅甸国内政治环境变化、国内民众与社区态度等因素的影响。到目前为止,最有争议和面临最大反对的是在经济领域。外国直接投资越受到当地社区与民众的关注,民间社会的声音就会受到政府越大的重视。民意的支持与反对在很大程度上也将影响执政当局对于各国投资项目的态度,以致中国跨国公司的密松水电站项目的命运至今仍不明朗。①

## 三 缅甸的外债分析

缅甸为经济发展大量吸引投资、大举借债的同时,也受到国内各政治派别与民众舆论势力的干扰,域外国家的干预也是影响"债务陷阱论"在缅甸发展的重要因素。中国是否对缅甸制造"债务陷阱"?对缅甸的国家外债以及"债务陷阱"背后的本质进行剖析是解答该问题的关键。本节将对缅甸国内经济结构与经济实力进行剖析,对中国在缅甸的投资做一个简单的数据统计与整理,分析中国是否在缅甸制造了"债务陷阱"的事实。

### (一)缅甸政府的外债结构分析

通过吸引巨大的外部投资与向国际组织与政府借贷,缅甸的政府外债构

---

① 该项目由克钦邦的一家中国国有企业投资36亿美元,2011年10月因全国反对而被时任总统吴登盛叫停。2016年全国民主联盟(NLD)政府上台时,昂山素季表示将采取"以人为本"的经济政策。这意味着外国投资者将面临来自当地社区和民间社会更严格的审查,缅甸国内公众舆论对外国直接投资项目是否能够实施可以产生重大的影响。

成结构呈多元化。根据缅甸联合议会委员会的数据，缅甸的外债总额超过91亿美元。2018年缅甸政府外债总额的近一半（即42.7亿美元）是1988年之前的负债。缅甸在1988—1989财年至2010—2011财年又借了33亿美元，2012年再融资15亿美元。缅甸的债务占国内生产总值的比例约为16%。截至2018年4月，中国借款总额逾38亿美元，日本借款总额为21亿美元。中国是缅甸最大的债权国，缅甸近一半的政府外债是中国的借款。[①]

中国成为缅甸的主要债权国一方面源自中缅之间密切的地缘联系。中缅边境贸易热络，人员往来频繁，有大量的中国游客到缅甸进行观光游览。另一方面也源自中缅之间经贸联系的增加。缅甸国家债务的上升体现的是缅甸作为主权国家自由借贷来进行国内建设的意愿与能力，而与中国在缅甸"制造"债务陷阱无关。缅甸的主要债务也不是由中国贷款推动的，而是由缅甸国内经济管理能力、其他来源债务的增加、自然灾害、政治变动以及地区或全球性基金组织衡量债务可持续性的技术变革所驱动的。日本也是缅甸主要的外资来源国与贷款来源国。中国在召开"一带一路"国际高峰论坛之后不久，日本便联合印度共同推出了"亚非增长走廊"的愿景规划。除直接投资外，日本一直在为缅甸提供贷款计划，于2015年至2017年分别提出了10亿美元、77亿美元、8.24亿美元的援助和贷款计划。新的仰光国际机场也将由日本提供49%的资金，其中包括7.5亿美元的贷款。[②] 中日对缅甸的贷款与投资是中日两国背后的地缘战略竞争的反映，也影响了缅甸政府外债的结构。

## （二）缅甸政府的偿债能力分析

经济实力与经济发展前景是一个国家应对内外危机或债务问题的重要指标。经济的长期增长情况以及收入基础、经济结构对其偿还国家债务的能力至关重要。本小节将从缅甸的国家经济实力与经济结构等指标入手，

---

[①] Nan Lwin, "Myanmar's Foreign Debt — The Big Picture", *The Irrawaddy*, 10 July 2018, *The Irrawaddy*, https://www.irrawaddy.com/news/burma/myanmars-foreign-debt-big-picture.html, 登录时间：2019年12月20日。

[②] Wade Shepard, "China and Japan's 'New Great Game' Intensifies in Myanmar", Jan. 29, 2018, *Forbes*, https://www.forbes.com/sites/wadeshepard/2018/01/29/china-and-japans-new-great-game-intensifies-in-myanmar/#4e344e705ab2, 登录时间：2019年12月10日。

分析缅甸偿还外债的能力。

首先，从缅甸的国家经济实力来说，因国内长期内战以及军政府统治，缅甸的经济发展水平相较于东南亚国家来说较为落后。为改善经济与社会发展状况，缅甸采取多种举措以提升经济实力与发展潜力。缅甸作为东盟成员国，其经贸联系主要在以东盟为中心的框架下进行，主要与东盟成员国以及与中国、日本、韩国、印度等国进行合作。此外，缅甸还享受着美国、欧盟、日本等给予的贸易普惠制（Generalized System of Preferences）[①] 待遇。自2016年昂山素季领导的民盟赢得大选之后，缅甸的经济发展一直保持着一个较高的增速。随着2016年新《缅甸外商投资法》的颁布，缅甸对于外商投资环境进一步放松了管制，新的投资程序与法律待遇都给予外商投资者和缅甸国民投资者同样的待遇。这在很大程度上促进了缅甸经济的发展。就缅甸目前的经济发展水平来看，缅甸的经济发展呈现出稳中有升的趋势。根据世界银行发布的数据（见图3），2010—2018年，缅甸国内生产总值呈现出稳中有升的态势，在2014年达到654.46亿美元的小高峰，并在2016—2018年一直呈上升的势头，2018年其国内生产总值达到712.14亿美元。从国内生产总值增长率来看，增长趋势较为波动曲折，2010年达到最高峰，在2011年之后又有一轮飞速增长，在2016年触底5.9%之后又慢慢回升。总体上讲，缅甸经济保持着较为快速的发展，人均国内生产总值增长曲线与国内生产总值增长曲线相吻合，人均国内生产总值由2010年的979美元上升至2018年的1572美元，增长率为60.6%。虽然缅甸经济增长的绝对值相对于东盟其他国家较为落后，但是相对其自身而言，缅甸经济实现了较快的增长。

其次，就短长期外债比率来看，通过将一个国家的债务与其国内生产总值进行比较，能有效地表明该特定国家的偿债能力。如果国内生产总值完全用于偿还债务，则通常用百分比表示，该比率也可以解释为偿还债务所需的年数。通常认为，一个国家能够继续为其债务支付利息，而无须再融资，也不会妨碍经济增长，则该国经济发展被认为是稳定的。债务与国

---

[①] 贸易普惠制是世界贸易组织向发展中成员提供优惠关税的制度。普及特惠税制度豁免世贸成员遵守最惠国待遇原则。最惠国待遇原则要求成员给予来自所有其他世贸成员的进口货同等待遇，也就是向所有其他世贸成员收取划一关税。普及特惠税制度豁免世贸成员遵守最惠国待遇原则，让已发展成员减收来自发展中成员的进口货关税，但不向已发展成员减收关税。

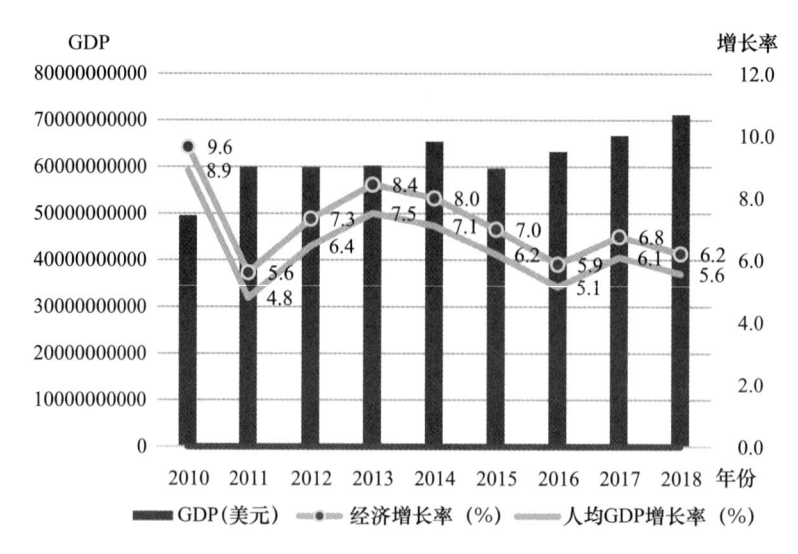

图 3 2010—2018 年缅甸经济发展数据（国内生产总值、
经济增长率以及人均国内生产总值增长率）

资料来源：世界银行。

内生产总值比率高的国家通常难以偿还外债。在这种情况下，债权人倾向于在贷款时寻求更高的利率。极高的债务与国内生产总值比率可能会阻止债权人完全放贷。[1] 因此，大量投资者将政府债务占国内生产总值的百分比作为衡量一个国家偿还债务的重要指标，从而影响该国的借贷成本和政府债券收益率。当一个国家违约时，通常会在国内和国际市场引发金融恐慌。通常，一个国家的债务与国内生产总值的比率越高，其违约风险就越高，该国偿还债务的可能性就越小。世界银行的一项研究发现，债务与国内生产总值的比率长期超过 77% 的国家，其经济增速显著放缓。一般而言，高于此水平的每个债务百分点都会使各国的经济增长损失 1.7%。这种现象在新兴市场尤为明显，新兴市场的债务在超过 64% 的基础上每增加一个百分点，每年都会使增长速度降低 2%。[2] 图 4 为缅甸 2008 年、2014—2018 年政府债务占国内生产总值的比率。从 1998 年到 2018 年，缅

---

[1] Will Kenton, "Debt-to-GDP Ratio Definition", *Investopedia*, September 18, 2019, https://www.investopedia.com/terms/d/debtgdpratio.asp, 登录时间：2019 年 12 月 23 日。

[2] Kimberly Amadeo, "Debt-to-GDP Ratio, Its Formula, and How to Use It", *The Balance*, January 30, 2020, https://www.thebalance.com/debt-to-gdp-ratio-how-to-calculate-and-use-it-3305832, 登录时间：2019 年 12 月 9 日。

甸政府债务占国内生产总值的平均比率为87.05%，在2001年达到历史最高的216.04%，在2013年达到历史最低水平37.14%。[①] 自2016年昂山素季上台以来，尽管缅甸的国家债务与其国内生产总值的比率逐年上升，但都维持在低于50%的相对安全水平，这从侧面反映了缅甸经济发展的稳定以及缅甸政府对于政府债务的把控能力。

再次，通过国家外债结构的分析也可以评估缅甸的偿债能力与水平。根据国际货币基金组织的界定，国家总外债可以分成短期外债、长期债务和国际货币基金信贷利用额三大类。[②] 外债总额占国内生产总值的比率也叫负债率，反映了一个国家经济发展与该国对外债依赖程度之间的关系。根据国际货币基金组织2020年缅甸债务数据，从债务历史的纵向发展中可以得知，2014—2018年缅甸政府的外债分别为143.49亿美元、142.91亿美元、141.49亿美元、150.12亿美元、149.36亿美元，2008年为89.5亿美元。2014—2018年缅甸外债总量占国内生产总值的比率分别为21.93%、23.94%、22.37%、22.50%、20.97%，2008年占比为28.09%，总体上维持在22%—23%这样一个较为稳定的区间。本文采用的评价阈值主要参考了中华人民共和国财政部发布的《"一带一路"债务可持续性分析框架》（下文称"框架"）中的公共外债指标，该文件将国家公共外债/国内生产总值的比率分为弱、中、强债务困境三个区间，比率分别为低于30%、40%、55%。根据国际货币基金组织2020年缅甸债务数据，缅甸这6年的外债占国内生产总值比率的平均水平为23.3%，最高比率为2008年的28.09%（见图4），该数值处于框架中的外债低风险国家区间。从缅甸债务历史发展的横向上看，缅甸的外债占国内生产总值的比率总体维持在一个较低的水平，缅甸近几年来的经济增长则维持在一个速度较快的区间。缅甸2017年外债总额占国内生产总值的比率是22.5%，相比之下2017年新加坡、马来西亚、泰国、越南和老挝分别达到453%、75%、33%、26%和87%。[③] 缅甸横向与纵向上的债务数据都处于框架中的外债低风险国家区间。

---

① "Myanmar Government Debt to GDP", *Trading Economics*, April 02, 2020, https://tradingeconomics.com/myanmar/government-debt-to-gdp，登录时间：2019年12月19日。
② 李艳芳：《斯里兰卡外债问题的生成逻辑与争议辨析》，《国际展望》2020年第1期，第118页。
③ 李晨阳、张添：《被炒作的中缅经济走廊建设中的"债务陷阱"》，《世界知识》2019年第8期，第73页。

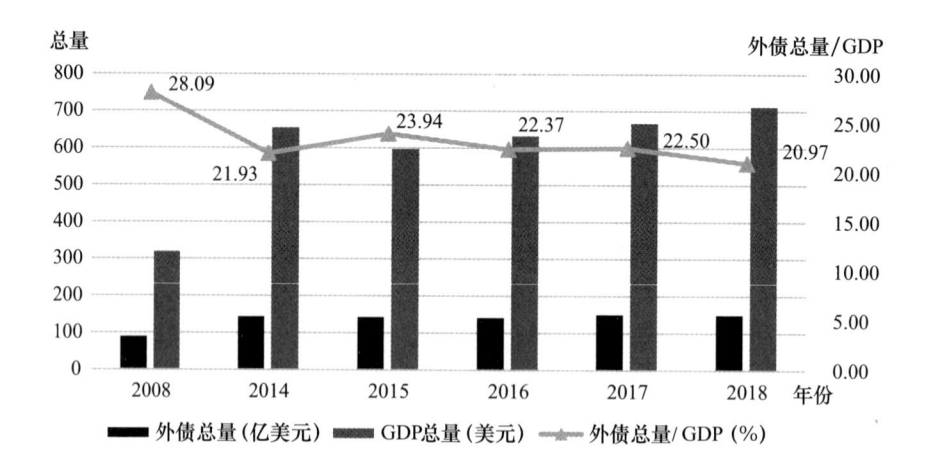

图 4　2008 年、2014—2018 年缅甸外债总量、国内生产总值及其比率

资料来源：外债数据来源于国际货币基金组织 2020 年缅甸数据，国内生产总值来源于世界银行。

短期外债比率是指在一国外债余额中，期限在 1 年或 1 年以下的短期债务所占外债余额总量的比率，是衡量一国外债期限结构是否合理的指标，它对特定年份还本付息影响较大。按照国际惯例，短期外债占外债总额的比率应控制在 30% 以下。自 2010 年以来，缅甸的短期外债呈现缓慢下降的趋势。2016—2018 年缅甸的短期外债占外债总量的比率分别为 5.79%、5.81%、5.89%，其比例维持在一个较低的水平，为长期外债的偿还期提供了缓冲的时间（见图 5）。

最后，框架规定的公共债务负债率阈值区间，即公共债务（政府债务）与国内生产总值的比率，分别为 35%、55%、70%，缅甸在 2010—2018 年的公共债务（政府债务）与国内生产总值的比率最高值与最低值分别为 2010 年的 49.6% 以及 2013 年的 37.1%，平均值为 44.1%，满足框架关于公共债务 35%—55% 的风险区间，并未出现债务风险信号。缅甸的外债增速并不快。2017—2018 年世界低收入和中等收入国家外债总额增速达到 10%，其中撒哈拉以南非洲达到 15.5%，尼日利亚、南非两大经济体达到了 29% 与 21%。[①] 缅甸的邻国孟加拉国为 23%、巴基斯坦为 17%。西亚与北非地区外债增长率是 11.7%，东亚和太平洋国家（不含中国）是 9.3%，

---

① 世界银行：《2020 年债务报告》，http://datatopics.worldbank.org/debt/ids/，登录时间：2020 年 3 月 6 日。

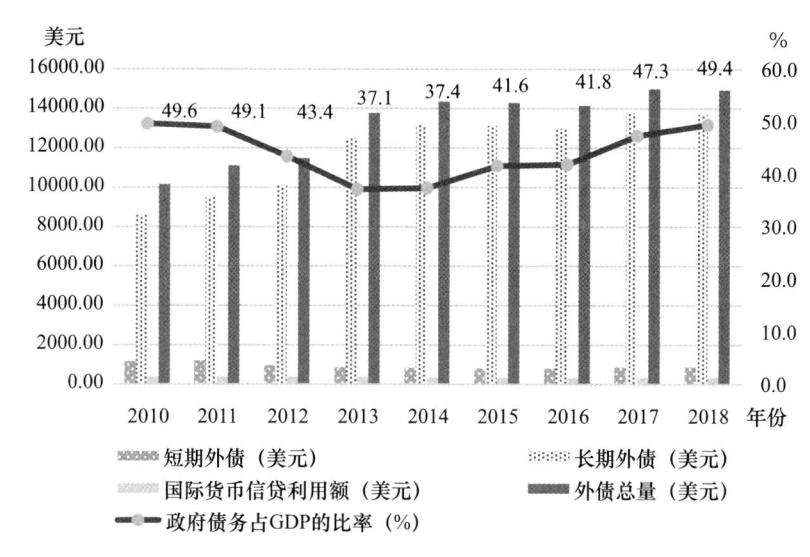

图 5　2010—2018 年缅甸外债结构、国债占国内生产总值的比率

资料来源："Myanmar Government Debt to GDP", *Trading Economics*, April 02, 2020, https://tradingeconomics.com/myanmar/government-debt-to-gdp, 登录时间：2019 年 12 月 19 日。

缅甸 2017 年 11.8% 的外债增速仅高于平均水平。[①] 这说明缅甸并未出现债务危机，证伪了中国在缅甸制造"债务陷阱"的谬论。

## 四　"债务陷阱论"的影响

中国大规模"走出去"可以说在"一带一路"倡议提出之后显著展开了。以西方为主导的话语"债务陷阱论"在缅甸的传播与扩散，不仅对中国在缅投资项目与投资者的信心造成冲击，还对缅甸自身经济建设以及构建中缅命运共同体产生了不良影响。

### （一）过多债务积累带来潜在不确定性

研究缅甸在投资开发过程中对于外国的债务积累问题，首先需要探究生产性债务与非生产性债务的区别，区别二者所带来的潜在负面效应

---

[①] 李晨阳、张添：《被炒作的中缅经济走廊建设中的"债务陷阱"》，《世界知识》2019 年第 8 期，第 73 页。

的不同，分别采取不同的应对措施。非生产性项目通常表现为投资规模大、收益周期长，一国在为非生产性项目进行融资或借贷的过程中所积累的债务通常需要从国家财政分配或者发放国家债券来偿还。而生产性项目产生的债务则可以通过该项目完成之后的生产、运营以及其他实践进程获得收益以偿还债务。中国在缅的投资项目多为生产性项目，如敏建钢厂（8.47亿美元）、150兆瓦温敦光伏电站（2.4亿美元）、洼德呀能源及农业项目（1亿多美元）、达邦纸浆厂（2.18亿美元）、实皆纺纱织布厂（6.6亿美元）、勃固—斋托高速公路（5.24亿美元）项目等，[1]生产性项目在短期内投资大收益慢，但是基础设施的配套建设与升级能为债务偿还提供连带的附加值。但是，近期新冠肺炎疫情对全球经济特别是对新兴经济体造成了重创，缅甸的债务与财政状况遭遇了困境，偿债能力也因此受到打击。或者又将出现类似于以资抵债的现象，不少国家也正式向中国提出债务减免的要求，不排除缅甸也将会向中国柔性施压以便得到相关的债务减免，这将增加中国未来"一带一路"项目建设投资与融资能力的不确定性。

### （二）影响中国在缅投资项目实施进程

长期针对中国的"债务陷阱"的负面舆论以及缅甸自身国内政治局势的不稳定，对中国在缅投资项目的实施进程以及中缅政治互信造成了不良影响。前文的研究发现，不存在中国通过"一带一路"倡议对缅设置"债务陷阱"的事实，但是中国在缅投资的不确定性以及缅甸国内政治局势缺乏稳定保障，对"一带一路"倡议下在缅投资项目的实施进程造成冲击。密松大坝因涉及克钦邦1万多村民的搬迁问题而实施遇挫。[2]密松大坝项目曾因缅甸国内的民间运动而遭遇多次暂停。之后，密松大坝项目作为中缅经济走廊的一部分，曾多次试图复工，但均遭到缅甸全

---

[1] 《缅甸项目库再增71个项目 总数达129个》，商务部网站，2020年8月18日，http://mm.mofcom.gov.cn/article/ddfg/202008/20200802993298.shtml，登录时间：2020年3月6日。

[2] 罗俊毅：《"一带一路"在中缅边境需要克服的挑战》，中外对话，2019年10月21日，https://www.chinadialogue.net/article/show/single/ch/11585-Trouble-for-Belt-and-Road-in-Myanmar，登录时间：2020年3月6日。

国各地的反对，2019年初甚至爆发了集会抗议。中缅油气管道项目沿线地区也爆发了抗议活动，该管道全长770千米，途经冲突不断的克钦邦。沿线社区以土地流失等环境破坏问题要求中国国企给出更高的经济赔偿。考虑到民众的不满情绪，几家中国国有企业试图展示缅甸参与"一带一路"倡议所带来的切实效益。中缅油气管道建成以来，中石油集团下属的东南亚天然气管道公司已经捐赠2500万美元用于为沿线农村社区建设学校、诊所和供水系统。但援助赠款和企业履行的社会责任无法从根本上解决缅甸的动乱以及缅甸对于中国投资的疑虑，这与缅甸军队在少数民族邦的长期战争密不可分，也与中国企业与缅甸当地民众之间的长期互不理解甚至对立有关。

### （三）催生出缅甸民族主义情绪

不少利益团体借"债务陷阱论"渲染中国在缅甸的影响力，尤其是夸大中国在缅投资项目对于缅甸本土环境与生态平衡的破坏，以阻碍中缅合作的推进。持续的负面舆论冲击着中缅经济走廊项目的进展。同时，还将影响投资者参与走廊沿线项目建设的信心，破坏中缅命运共同体的构建进程。一方面，"债务陷阱论"与缅甸国内的民族主义情绪相结合，催生出缅甸民间此起彼伏的民族主义情绪。另一方面，利益团体与组织借"债务陷阱论"向缅甸政府施压，由此而来的缅甸与中国合作的反复与失信，也将影响中缅两国的政治互信。中缅关系目前处于良性合作状态并正在向前发展。但是，"债务陷阱论"、缅甸对中国过度依赖的谨慎态度或美中在缅甸的潜在竞争，如果处置不当，都可能会损害两国关系发展的良好势头。

## 五 应对"债务陷阱论"的政策思考

中缅关系的良性发展证明中国有能力有意愿参与周边地区秩序构建，对中国主动塑造亚洲的地区秩序也有着重要的示范作用。通过分析"债务陷阱论"这一负面舆论所产生的外溢效应，加强中国对缅投资合作的整体把控，维护中国在缅重大利益。下文将就应对措施提出几点建议。

## （一）合理分配两国合作项目的投资占比

投资占比以及股权问题是引发有关债务问题的关键因素，因此，处理好中国对缅投资项目的占比与份额，能较好地解决缅甸对于中国控股的担忧，也能缓解中国企业因股份过高而带来的收益风险。解决债务陷阱背后所隐藏的债务问题，当务之急就是增加私营部门或民间资本进入"一带一路"相关项目的经营与运作，减少中国资本和企业的占股比例。"一带一路"倡议所涉及的主要是大型的基础设施项目，资金需求大、投资周期与收益时间长，因此中国的海外贷款项目多为政府主导，国有资本先行。也正是如此，中国常被指责为贷款项目尤其是"一带一路"项目缺乏透明度，让一些国家陷入债务陷阱。中国国有企业是"一带一路"倡议的主要参与者，并且在实施中起着领导作用。过多的国有企业的参与以及国有资本的介入，会引起参与国对于经济风险的担忧。截至2018年10月，中国国有企业承包的"一带一路"项目及其相关项目的价值达70%以上。[①] 在与缅甸的合作中，以皎漂港项目为代表，中信集团有限公司与缅甸政府的投资占比从17∶3降至7∶3。虽然在一定程度上缓解了缅甸对中国过多负债的担忧，但也反映出小国对于项目占股比例的敏感度。

## （二）推动建立可持续融资渠道

在近年来相对宽松的全球融资条件下，低收入国家已经能够获得更多的融资，通过融资借贷等手段来实现国内经济发展是重要手段。防止出现和解决不可持续的债务困境局面，需要债权国与债务国双方共同努力。联合国《亚的斯亚贝巴议程》指出，保持可持续的债务水平是借款国的责任，同时，需要承认的是，贷款人也有责任采取不削弱国家债务可持续的贷款方式。[②] 中国作为债权国，应该客观全面地了解缅甸的债务问题，充

---

[①] Denghua Zhang, Jianwen Yin, "China's Belt and Road Initiative, from the Inside Looking Out", *The Lowy Institute*, July 2, 2019, https://www.lowyinstitute.org/the-interpreter/china-s-belt-and-road-initiative-inside-looking-out，登录时间：2020年3月7日。

[②] 联合国：《亚的斯亚贝巴议程》，http://www.un.org/ga/search/view_doc.asp?symbol=A/RES/69/313&，登录时间：2020年3月8日。

分考虑缅甸国家整体债务能力,把当地货币即缅币用于与"一带一路"计划相关的投资,以遏制汇率风险。① 同时,中国还需遵循市场原则,依靠商业资金为"一带一路"项目融资,并提高这类项目的透明度。"一带一路"项目融资的可持续性在一定程度上取决于项目本身的生产力。缅甸作为债务国,在解决融资可持续的问题上,应该将项目的长期生产力作为国家追求的主要目标,短期内存在的债务风险可作为可控因素。同时,缅甸也要推动公共财务管理方面的改革,加强预算执行,并增大国有经济企业的效率和治理。两国企业需要加强项目信息的分享与透明度,确保债务可持续评估以全面、客观和可靠的数据为依据。② 应该客观地处理缅甸的债务问题。如果债务增长伴随着基础设施状况的改善,人民生活水平的提高和生产率的提高以及减贫事业的进步,那么,这将有利于长期债务的可持续偿还。要推动中缅两国就债务人与债权人在主权国家借贷和向主权国家贷款方面责任的指导方针达成有益的共识。同时,中国还应针对在缅项目建立具有针对性的债务管理监督机制,加强风险管控与危机应急机制建设,防止出现类似于密松水电站等项目中途终止的情况。

### (三) 推动多轨外交 化解负面舆论

经济问题彰显的是政治角力,政治角力背后的深层因素则为民意因素。从中缅两国合作的历史来看,许多项目被叫停不仅是缅甸民众对于中国企业在缅投资会造成环境破坏的担忧,其根本原因还是缅甸民间缺乏了解中国的渠道,中缅双方并未形成根本的互信。因此,"债务陷阱论"反映的是舆论抓手对于中缅民心交流与互信的考验。经济上的援助或许能解一时的燃眉之急,但是更深层的心理层面的认可与互信才是两国建立合作的根基。当前的中缅外交,可以从二轨转向多轨并举,通过政府间合作带动非政府组织、团体、企业、学者等更多没有官方背景的人员参与,通过多轨外交塑造积极正面的中国企业形象,切实推动民心民意融入缅甸民间

---

① Kevin Yao, "China Seeks to Allay Fears over Belt and Road Debt Risks", REUTERS, April 25, 2019, https://af.reuters.com/article/worldNews/idAFKCN1S1069, 登录时间 2020 年 3 月 9 日。
② 联合国:《亚的斯亚贝巴议程》, http://www.un.org/ga/search/view_doc.asp?symbol=A/RES/69/313&, 登录时间: 2020 年 3 月 8 日。

最底层。自新冠肺炎疫情暴发以来，中缅两国边境关系因为疫情而更加紧密相连，中国政府、地方政府、企业以及民间社会组织向缅甸提供了众多的医疗物资与设备，中国医疗队也多次赴缅甸交流抗疫经验。

### （四）推动企业承担社会责任

生产性基础设施项目投资不仅要关注项目本身的经济效益与收益，还需考虑加强被投资国政府及其地方政府的治理能力，企业在当地的社会责任以及对于生态环境的保护也是需要兼顾的重要方面，这就对双方尤其是投资国企业提出了高要求。① 在实施"一带一路"倡议时，可能会发生"委托代理困境"，这种现象在国有企业此前的海外业务经营中就出现了。这意味着，尽管国家作为委托人有利于国家整体利益，但这却与"一带一路"倡议的执行机构，特别是企业优先考虑自己的经济利益目标相抵触。这可能会超出国家的考虑，例如在冲突时期，国家一般注重外交利益和建立海外形象，而企业则更多地追求自身经济利益的最大化。如果将来中国政府继续推动"政府管理与企业管理分离"以提高国有企业的竞争力，那么，上述现象将会更加明显。因此，加强企业的海外责任，推动企业在海外经营过程中注重自身发展的社会效益，将是未来海外企业所要关注的重点。政府推动企业设立海外环保标准，可以从碳排放量、水土保持、当地植被覆盖率等几个方面做出要求，实现经济效益与社会效益的平衡。

# Has China Pursed "Debt-Trap Diplomacy" in Myanmar? —Origin, Effects and Responses

*Luo Huilin*

**Abstract**　The theory of debt-trap has a profound political background and discourse construction purpose behind its spread in Myanmar. Through the analysis of the structure of Myanmar's foreign debt, we find that the Myanmar govern-

---

① 贺嘉洁：《角力湄公河 中国、日本和印度在湄公河次区域的基础设施投资比较研究》，《东南亚纵横》2019 年第 4 期，第 22—29 页。

ment has been doing something in debt management, consciously controlling its own debt problems, strengthening the management of debt structure to maintain debt sustainability. The debt-trap between China and Myanmar is proved falsely. The facts are clarified. On the one hand, it provides beneficial public opinion guidance for the investment cooperation between China and Myanmar and the construction of China-Myanmar intimate community of shared future. On the other hand, it will provide a case studying reference to carry out "Belt and Road Initiative" in neighboring countries.

**Key Words**　China-Myanmar Relations; Debt-Trap Theory; China-Myanmar Economic Corridor

**Author**　Luo Huilin, Institute of International Relations of China Foreign Affairs University, Ph. D. Candidate.

# 澜湄农业合作的进展与发展前景

姜晔　杨光　祝自冬　张芸　张斌

【摘要】澜湄合作是中国和湄公河五国共同发起与建设的新型次区域合作平台，是中国—东盟合作框架的有益补充，更是"一带一路"建设的有力支持。农业是澜湄合作的五大优先领域之一，澜湄农业合作基础好、潜力大，取得了良好成效，成立了澜湄合作农业联合工作组、澜湄农业合作中心和澜湄合作农业科技交流协作组，通过了澜湄农业合作三年行动计划，农产品贸易与农业投资合作规模不断扩大，澜湄合作专项基金项目取得初步成效。随着国际形势的发展变化，澜湄农业合作也面临着新的机遇与挑战，六国应携手在完善农业合作机制联络体系、深入开展农业合作规划研究、深化农业合作战略对接与交流合作、优化农产品贸易、提升农业投资合作层次等方面加强合作，共同聚焦重点项目，推动次区域农业合作不断深化，助力澜湄流域经济发展带建设。

【关键词】澜沧江—湄公河　农业合作　进展　前景

【基金项目】澜沧江—湄公河合作专项基金"澜湄合作农业支持服务体系建设"项目。

【作者简介】姜晔，农业农村部对外经济合作中心，副处长、副研究员；杨光，农业农村部对外经济合作中心，处长、副研究员；祝自冬，农业农村部对外经济合作中心，研究员；张芸，农业农村部对外经济合作中心，副研究员；张斌，农业农村部对外经济合作中心，副研究员。

## 引　言

2014年11月，李克强总理在第十七次中国—东盟领导人会议上提出，在中国—东盟（10+1）框架下探讨建立澜沧江—湄公河（以下简称"澜湄"）对话合作机制。2015年12月，澜湄合作首次外长会议在云南景洪举行。2016年3月，澜湄合作首次领导人会议在海南三亚举行，澜湄合作机制正式建立，中国与柬埔寨、老挝、缅甸、泰国、越南五个湄公河国家围绕澜沧江—湄公河流域实施可持续开发和开展互惠务实合作，确立了政治安全、经济和可持续发展、社会人文三大合作支柱，明确了农业是澜湄合作的五大优先领域之一。

澜湄合作是我国与湄公河五国共同发起和建设的新型次区域合作机制。尽管是新机制，然而，该机制确立四年来，发展迅速、成果丰硕，在次区域合作中的影响逐渐扩大，成为中国与周边国家构建命运共同体的重要典范。[1] 围绕该区域的研究成果大多集中在澜湄合作机制建设方面，卢光盛等（2016、2017）、戴永红等（2017）、罗仪馥（2018）研究了澜湄区域各类多边机制建设的背景与特点，[2] 李晨阳（2016）分析了澜湄合作机制发展面临的机遇与挑战。[3] 在澜湄合作重点领域，邢伟（2016）、屠酥等（2016）对澜湄合作机制下水资源开发合作问题进行了分析，[4] 田昕清（2018）、郑国富（2018）探讨了澜湄合作框架下促进贸易投资便利化的路径。[5]

农业作为澜湄合作的五大优先领域之一，合作历史悠久，取得了较好的成效，但缺少相关的研究和梳理，专门围绕澜湄合作这个新机制下的农

---

[1] 刘卿：《澜湄合作进展与未来发展方向》，《国际问题研究》2018年第2期，第43—54页。

[2] 卢光盛：《澜湄机制如何从湄公河地区诸多边机制中脱颖而出？》，《当代世界》2016年第5期，第24—27页；卢光盛、别梦婕：《澜湄合作机制：一个"高阶的"次区域主义》，《亚太经济》2017年第2期，第43—49页；戴永红、曾凯：《澜湄合作机制的现状评析：成效、问题与对策》，《国际论坛》2017年第4期，第1—6页；罗仪馥：《从大湄公河机制到澜湄合作：中南半岛上的国际制度竞争》，《外交评论》2018年第6期，第119—156页。

[3] 李晨阳：《澜沧江—湄公河合作：机遇、挑战与对策》，《学术探索》2016年第1期，第22—27页。

[4] 邢伟：《澜湄合作机制视角下的水资源安全治理》，《东南亚研究》2016年第6期，第72—82页；屠酥、胡德坤：《澜湄水资源合作：矛盾与解决路径》，《国际问题研究》2016年第3期，第51—63页。

[5] 田昕清：《澜湄合作框架下的贸易和投资便利化研究》，《国际问题研究》2018年第2期，第55—67页；郑国富：《"澜湄合作"背景下中国与湄公河流域国家农产品贸易合作的路径优化与前景》，《对外经贸实务》2018年第4期，第17—20页。

业合作进行研究的论文并不多见,相关研究成果主要集中在中国—东盟合作(10+1)、大湄公河次区域经济合作(GMS)等原有相关区域机制下农业合作的历史背景、发展特点与趋势分析方面,李先德、王盛威(2009)分析了 GMS 机制下农业经贸合作的现状与趋势,[1] 张建伦、赵明(2011)对 GMS 农业合作研究成果进行了综述,[2] 郭昕(2018)、王永春等(2018)、姜晔等(2019)从不同侧重点对中国与东盟农业合作的历程、现状与趋势进行了梳理和分析。[3] 尽管"10+1"、GMS 与澜湄合作所涉及的区域和国家相近,但澜湄合作作为该区域下新建立的机制,在基础条件、侧重点和实际投入等方面都有所不同,对机制下各重点领域进行系统分析和梳理十分必要。

本文基于三年多来对澜湄农业合作领域进展情况的持续跟踪,对农业在澜湄合作机制中的特殊定位进行分析,首次对澜湄农业合作的进展与成效进行系统梳理,分析当前面临的机遇与挑战,提出下一步的重点方向建议,对准确认识澜湄农业合作的定位,了解澜湄农业合作的发展趋势,共同促进合作更好的开展具有现实的指导意义。

## 一 澜湄农业合作的定位与最新进展

### (一)澜湄农业合作的定位

澜湄区域地处"一带一路"倡议的重要节点上,"一带一路"倡议下的中国—中南半岛经济走廊、孟中印缅经济走廊都与澜湄区域紧密相关。澜湄区域合作机制繁多,东盟—中国(10+1)、东盟—中日韩(10+3)、澜湄合作(LMC)、大湄公河次区域经济合作(GMS)等多边机制都与此

---

[1] 李先德、王盛威:《大湄公河次区域的农业贸易与农业合作》,《世界农业》2009 年第 11 期,第 56—59 页。
[2] 张建伦、赵明:《大湄公河次区域农业合作研究综述》,《世界农业》2011 年第 6 期,第 15—21 页。
[3] 郭昕:《回顾与展望:中国—东盟农业合作现状、问题与建议》,《中国—东盟研究》2018 年第 4 期,第 49—68 页;王永春、王秀东:《中国与东盟农业合作发展历程及趋势展望》,《经济纵横》2018 年第 12 期,第 88—95 页;姜晔、茹蕾、杨光、陈瑞剑:《"一带一路"倡议下中国与东盟农业投资合作特点与展望》,《世界农业》2019 年第 6 期,第 12—16 页。

区域密切相关。澜湄合作的首次提出即在"10 + 1"领导人会议上,澜湄合作的三大支柱全面对接东盟共同体建设。可以说,澜湄合作是"10 + 1"框架的有益补充,有助于带动湄公河五国的经济发展,助力东盟一体化建设。[1] 澜湄合作相较于GMS机制最大的特点就是将经济领域的合作扩展到安全、政治、社会、人文等领域,并纳入澜湄国家最关注的水资源问题,范围更广,两者相互补充、相互促进。

澜湄地区农业资源禀赋优良,发展基础较好,是全球水稻、热带经济作物、糖料作物的主产区,也是亚洲乃至全球农业极具发展潜力的地区之一。澜湄六国同饮一江水,自古命运相连,农业合作历史悠久,有着共同解决饥饿和贫困问题、保障粮食安全与营养、提升农业生产能力和乡村可持续发展的强烈愿望和诉求,一直是"一带一路"建设、农业国际合作的重点区域。自2017年澜湄合作机制下农业联合工作组正式成立以来,澜湄农业合作在机制完善、经贸合作、科技交流、项目实施等方面取得良好的进展,其发展潜力大、前景广。推动澜湄农业合作更加稳步务实发展,打造澜湄合作机制下的特色和亮点,形成我国农业在更高水平上对外开放的新抓手和发力点,对于促进我国对外开放和"一带一路"建设具有重要的意义。

## (二) 澜湄农业合作最新进展和成效

**1. 构建澜湄农业合作机制体系初见成效**

(1) 成立澜湄合作农业联合工作组共商农业合作计划

2017年9月,澜湄合作农业联合工作组第一次会议在中国广西壮族自治区召开,讨论通过澜湄合作农业联合工作组概念文件,澜湄农业合作机制正式启动。2019年6月,澜湄合作农业联合工作组第二次会议在柬埔寨暹粒(Siem Reap)成功召开,中柬两国代表团团长联合担任会议主席。会上,中方提出了成立澜湄合作农业科技交流协作组、共建澜湄农业技术推广与信息交流平台、共同将澜湄农业合作中心建设成为区域性支持服务机构以及编制澜湄农业合作三年行动计划等倡议,得到各国与会代表的支

---

[1] 颜欣、王永刚:《整体与个体:东南亚湄公河五国发展与东盟一体化》,《广西社会主义学院学报》2018年第4期,第103—108页。

持。2020年10月，澜湄合作农业联合工作组第三次会议以视频形式召开，老挝和中国两国代表团团长联合担任会议主席，会议分享了申请和实施澜湄合作专项基金农业项目的进展和经验，重点围绕实施"丰收澜湄"项目集群，商讨了行动方案。

（2）设立澜湄农业合作中心服务区域农业合作

为落实澜湄合作第二次领导人会议关于"设立澜湄农业合作中心"的共识，中国农业农村部于2019年1月底设立澜湄农业合作中心，围绕"一带一路"倡议和澜湄合作机制，聚焦重点领域，打造澜湄次区域农业技术交流、联合研究及投资贸易合作平台，促进本地区农业与粮食领域的经验分享、立场协调与务实合作。澜湄农业合作中心是澜湄合作机制下成立的第四个中心，六国农业部门希望将该中心打造成为澜湄农业合作区域性支持服务机构。为发挥国内重点省区的优势，2020年6月，中国农业农村部在广西农业农村厅设立澜湄农业合作广西分中心，助力澜湄农业合作平台建设与工作开展。

（3）建立澜湄合作农业科技交流协作组

为落实2019年6月六国在澜湄合作农业联合工作组第二次会议上达成的合作共识，响应《澜湄合作五年行动计划（2018—2022）》中"扩大农业科技领域的交流与合作，支持科研机构加强信息分享交流和人员互访"的提议，在原有"大湄公河次区域农业科技交流合作组"的基础上，中国云南省农业科学院牵头于2019年8月成立了覆盖范围更广、合作内容更丰富的澜湄合作农业科技交流协作组，联合澜湄区域更多的农业科研和教育机构，在种植、畜牧和渔业等更广泛的领域开展科技交流与合作。

**2. 加强澜湄农业合作战略对接与交流平台建设**

（1）六国共同通过《澜沧江—湄公河农业合作三年行动计划（2020—2022）》

为加强澜湄地区各国农业战略对接，强化顶层设计，务实有序推进澜湄农业合作，2020年1月，六国农业部门共同制定和通过《澜湄农业合作三年行动计划（2020—2022）》，各成员国将在未来三年内充分发挥澜湄农业合作中心的联络协调和技术支撑作用，通过加强农业政策对话、农业产业发展、农产品贸易与农业私营部门投资合作、能力建设与知识分享及其他优先领域的合作，共同提高各成员国的农业发展水平。

### (2) 举办澜湄合作村长论坛促进基层组织交流

2017年4月,澜沧江—湄公河农业合作暨中柬老缅泰村长论坛在中国云南省勐腊县举办,围绕"加强乡村合作,造福基层农民",为澜湄国家村长提供村寨合作、乡村建设、农业发展的平台,促进各国乡村交流、分享发展经验、分享合作成果、挖掘合作潜力。第二届澜湄合作村长论坛于2018年4月在云南省芒市举办,澜湄六国围绕共同推进乡村振兴的主题进行经验分享与交流讨论。该论坛发出《澜湄村社合作芒市倡议》,展览展示对接活动促成现场签署8份合作协议,签约金额约1.2亿元人民币。

### 3. 拓展农业贸易与投资合作成效明显

#### (1) 农产品贸易规模不断扩大

李克强总理指出:"虽然中方对湄公河国家贸易存在逆差,但我们不搞贸易保护,愿意进口更多优质农产品。"[①] 近年来,中国与湄公河五国农产品贸易总额逐步增长(见图1),2019年,贸易总额达212.77亿美元,占中国农产品贸易总额的9.2%,比2018年增长9.9%,比2015年增长34.1%。中国从湄公河国家进口农产品的金额增长较快,2019年农产品进口额达到112.97亿美元,比2018年增长15.9%,比2015年增长37.6%;

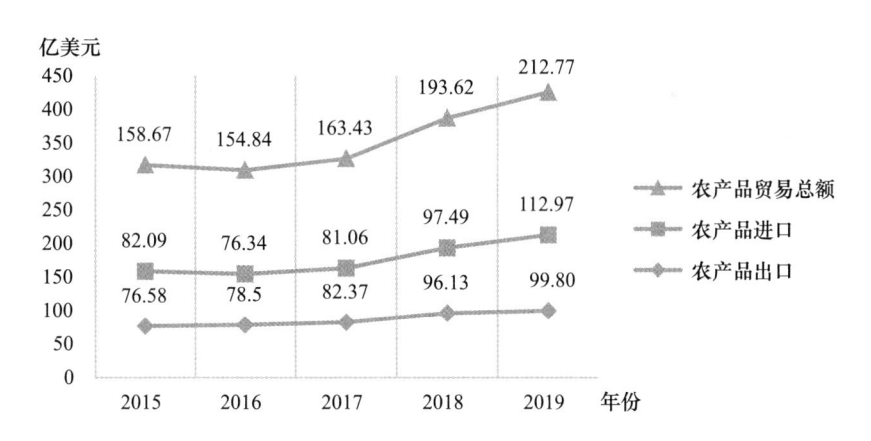

**图1 2015—2019年中国与湄公河五国农产品贸易金额**

资料来源:农产品监测预警数据仓库。

---

[①]《李克强在澜沧江—湄公河合作第二次领导人会议上的讲话》,新华网,2018年1月11日,http://www.xinhuanet.com/politics/2018-01/11/c_1122240871.htm,登录时间:2021年1月8日。

中国向湄公河国家出口农产品金额呈缓慢增长趋势，2019 年农产品出口金额为 99.80 亿美元，比 2018 年增长 3.8%，比 2015 年增长 30.3%。

（2）农业对外投资蓄势增长

湄公河国家是中国农业对外投资的重要区域。2018 年，中国对湄公河五国农业投资流量为 4.2 亿美元，占中国对外农业投资流量总额的 19.1%；截至 2018 年底，中国在湄公河五国农业投资存量为 23.66 亿美元，占中国对外农业投资存量总额的 13.7%。中国在湄公河五国投资建设企业数量 280 余家，占中国境外投资企业总数的近 30.0%。[①] 投资环节从海外直接种植发展到加工、仓储、物流等产业链各环节，涉及粮食（水稻）、经济作物（橡胶、棕榈、木薯、甘蔗）等多种农产品。

（3）共建农业产业园区，搭建对外经贸合作平台

中国与柬埔寨、老挝等湄公河国家共同建设了一批农业产业园区，开展稻米、天然橡胶、热带水果等优势农产品品种培育、技术示范、生产加工、贸易物流等全产业链合作，推动澜湄国家优势农产品生产标准体系建设，形成产业、资金、技术集聚效应，为拓展澜湄国家农产品贸易、农业投资合作搭建平台。在 2017 年农业农村部认定的首批境外农业合作示范区中，澜湄区域有两个农业园区位列其中。经调研了解到，海南顶益绿洲生态农业有限公司投资建设的柬埔寨—中国热带生态农业合作示范区基于环境保护、生态种养、循环利用、可持续发展的理念，以热带农业为基础，打造第一、二、三产业融合的热带生态综合产业。深圳华大基因科技有限公司投资建设的老挝—中国现代农业科技示范园以"生物科技 + 自然资源"为核心，开展重要粮食作物、热带经济作物种质资源收集、鉴定和品种选育等工作，搭建现代农业科技核心示范基地。

**4. 实施农业技术交流项目进展顺利**

（1）澜湄农业技术交流成效显著

澜湄区域多数国家农业资源丰富，但开发利用程度较低，近年来利用大湄公河次区域农业科技交流合作组、境外农作物优良品种试验站、农业科技示范基地、联合实验室等多种平台，澜湄各国围绕共同关心的农业技术问题，开展联合研究与合作，培育适合当地的种植品种并进行示范推

---

[①] 农业农村部国际合作司、农业农村部对外经济合作中心：《中国农业对外投资合作分析报告（2019 年度）》，中国农业出版社 2019 年版，第 28 页。

广,在动植物疫病联防联控、联合研究、人员培训等方面开展一系列合作。2008年由云南省农业科学院牵头,联合湄公河五国农业科研机构成立的"大湄公河次区域农业科技交流合作组"已运行十余年,先后组成了陆稻、大豆、甘蔗、马铃薯、植保和农经6个工作组,交换和筛选试验相关作物栽培品种543份,初步选育出适宜各国的品种(组合)124个,示范推广面积累计超过200万亩,逐步成为具备试验、示范、交流、培训等功能的区域合作平台。[1]

(2) 澜湄农业合作项目实施顺利

充分利用澜湄合作专项基金等渠道,调动各方资源,打造合作亮点和样板项目,提升澜湄国家农业科技水平和综合生产能力。近年来,中国农业农村部组织申报并实施澜湄合作专项基金项目近30个,通过开展境外试验示范与技术合作、能力建设、联合研究与行动等,促进农业合作交流,成效初显。湄公河水稻绿色增产技术试验示范项目引入国内较为成熟的育秧、栽培、水肥管理和病虫害绿色防控等技术,帮助当地水稻亩产增产25%以上,开展稻鸭、稻渔模式绿色水稻种植相应的综合种养技术试验示范和推广,分别带动当地每亩增加经济收益220元和413元人民币。农业农村部长江流域渔政监督管理办公室与湄公河五国开展联合执法和增殖放流活动,累计增殖放流鱼苗273.8万尾,对澜湄流域渔业资源的快速恢复、维护生态系统稳定发挥了积极作用。[2]

## 二 澜湄农业合作面临的机遇与挑战

### (一)机遇分析

**1. "一带一路"倡议助推各国农业发展战略对接**

澜湄国家山水相连、地缘相近、人文相亲,是"一带一路"建设的重要组成部分。2017年5月,中国农业农村部等四部委联合发布了《共同推进"一带一路"建设农业合作的愿景与行动》[3],明确了合作目标、

---

[1] 此部分相关数据来自澜湄农业合作中心项目统计汇总。
[2] 此部分相关数据来自澜湄农业合作中心项目统计汇总。
[3] 《共同推进"一带一路"建设农业合作的愿景与行动》,中国一带一路网,2017年5月13日,https://www.yidaiyilu.gov.cn/zchj/qwfb/12972.htm,登录时间:2021年1月8日。

原则、思路及重点,规划了行动步骤。其中,明确提出"强化澜沧江—湄公河合作等现有涉农多边机制"及"共同编制双边农业投资合作规划,增强对最不发达国家农业投资"等行动要求。"一带一路"倡议为促进澜湄国家战略对接,开展优势互补、互利共赢的农业合作提供了重大历史性机遇。

### 2. 澜湄国家农业国际合作需求强烈

澜湄各国都把农业作为基础产业,发展农业、解决粮食安全问题一直是它们的重中之重。各国在农业资源、技术、产业结构等方面具有很强的互补性,彼此合作诉求强烈。湄公河国家对于改善农业基础设施、发展现代化农业、扩大农产品出口、吸引外资、开展农业国际合作的需求强烈。中国高度重视农业的基础地位和作用,相继对促进农业发展和农业对外开放做出了重大战略部署。2016年国务院办公厅出台了关于促进农业对外合作的若干意见,为开展农业国际合作、澜湄农业合作提供了保障。2018年中国开始实施乡村振兴战略,亟须拓展农业发展空间,与周边国家尽快构建形成资源禀赋互补、技术优势互补、产品流向互补、产业格局互补的互利共赢局面。

### 3. 东亚地区一体化进程提供了良好的地区环境

当前东亚地区一体化进程稳步进展,《区域全面经济伙伴关系协定》(Regional Comprehensive Economic Partnership,RCEP)经过8年谈判,于2020年11月15日正式签署,[①] 中国与东盟10国、日本、韩国、澳大利亚、新西兰共同构建起"10+5"新的经济合作模式,为推动亚太区域乃至世界经济复苏注入了新动力。中日韩自贸区谈判全面提速,商定在RCEP基础上,打造"RCEP+"自贸协定,并大力推进三国与第四方的合作。中国与东盟关系不断取得新发展,共同发布《中国—东盟战略伙伴关系2030年愿景》,中国—东盟自贸区升级《议定书》全面生效,产品原产地规则修订版正式实施,中国与东盟关系实现了从量的积累到质的飞跃,为推动东亚地区繁荣稳定发展做出重要贡献。澜湄合作作为中国—东盟合作的新纽带,六国均是RCEP成员国,也是中日韩三方合作的重点区域,新时代平稳向好的东亚地区形势为澜湄农业合作提供了良

---

① 《钟山部长代表中国政府签署〈区域全面经济伙伴关系协定〉(RCEP)》,中国自由贸易区服务网,2020年11月15日,http://fta.mofcom.gov.cn/article/rcep/rcepnews/202011/43458_1.html,登录时间:2021年1月8日。

好的宏观环境。

## (二) 挑战分析

### 1. 全球贸易保护主义、单边主义势力抬头

当前，国际形势正在发生深刻复杂的变化，自全球金融危机以来，全球主要经济体经济复苏乏力，世界经济下行甚至出现衰退风险，给包括澜湄次区域在内的世界各国带来新的严峻挑战。同时，全球保护主义愈演愈烈，多边规则和国际秩序受到冲击，进一步恶化了农业国际合作的外部环境。面对诸多复杂和不确定因素，面对世界经济下行压力，中国和湄公河国家应共同维护以联合国为核心的国际体系和以世贸组织为核心的多边贸易体制，共同维护各领域合作的宝贵成果和次区域合作不断深化的大好局面，造福地区国家和人民。

### 2. 气候变化、自然灾害、国际突发公共卫生事件等因素加剧次区域合作的脆弱性

当前全球气候变化加剧，极端天气频繁出现，直接威胁着澜湄次区域的粮食安全和社会经济的可持续发展。澜湄地区自然灾害频繁发生，灾害损失和强度时有加剧，澜沧江—湄公河流经区域的洪涝灾害或干旱、上下游的水资源分配、生态与环境问题等都会给澜湄地区的农业生产与农业合作带来直接的影响。全球新冠肺炎疫情蔓延对澜湄农业合作项目的实施也带来了较大的困难与挑战，物资流动、人员交流受阻，项目进展缓慢。此外，作为世界大米、橡胶的重要生产供应基地，澜湄地区的农业生产与国际合作还受到世界市场供求关系、宏观政策、汇率变动等的影响。

### 3. 农业基础设施建设相对滞后

推动澜湄农业合作，需要各国良好的基础设施建设作为有力支撑。湄公河国家水、电、交通、通信等基础设施相对落后。根据《全球竞争力报告2018》，[1] 柬埔寨基础设施整体质量在全球140个经济体中排第112位，老挝排第99位。老挝整个国家的陆路运输以传统公路为主，没有高速公

---

[1] Klaus Schwab, "The Global Competitiveness Report 2018", World Economic Forum, http://reports.weforum.org/global-competitiveness-report-2018/，登录时间：2021年1月8日。

路。2020年12月20日，中老两国共同建设的首条高速公路（万象至万荣）（Vientiane-VangVieng）正式开通，结束了老挝零高速公路的历史。[①] 澜湄区域农田水利设施建设投资较少，靠天吃饭现象较为普遍，农用工业发展落后，制约了农业合作项目的顺利开展，也增加了外商投资的难度。比如缅甸粮食主产区伊洛瓦底江（Irrawaddy River）三角洲地区，粮食收购后运往全国，公路基本以柏油路、塘石路及土路为主，严重影响了农产品运输的时效。

## 三 澜湄农业合作的发展前景与方向

澜湄农业合作基础良好、成效显著，未来将围绕《澜湄合作五年行动计划（2018—2022）》和《澜湄农业合作三年行动计划（2020—2022）》中的重点任务，加强与国内外相关部门、地方的沟通协调，进一步整合资源，实施好"丰收澜湄"项目集群，深化务实合作，促进区域内农业丰产、农民增收，提高粮食安全与营养水平，助力澜湄流域经济发展带、澜湄国家命运共同体建设。

### （一）澜湄农业合作机制联络体系不断完善

在农业联合工作组基础上，逐步拓展建立澜湄农业合作高官会、部长会机制。充分发挥澜湄农业合作中心作为农业联合工作组常设执行机构的协调服务作用，以目前中方成立的澜湄农业合作中心为基础，探索国际化发展方向。发挥澜湄合作农业科技交流协作组在次区域农业科技交流中的引领作用，推动建设澜湄流域水生态合作工作小组、澜湄合作农业产业发展协作组，建立完善澜湄农业合作机制联络体系。统筹澜湄区域的其他多双边农业合作机制，利用"10+1"、GMS等机制下农业合作相关平台和资源，助推澜湄农业合作项目的开展。

---

① 《中老共建 老挝首条高速公路万象至万荣段正式通车》，央视网，2020年12月21日，https://tv.cctv.com/2020/12/21/VIDE5mCyCJTyKZeZLEEGUN9U201221.shtml，登录时间：2021年1月8日。

## （二）澜湄农业合作规划研究不断深入

与湄公河五国的农业研究机构加强交流，跟踪分析澜湄国家农业发展环境、重点产业国际投资动态及农业合作需求，开展联合研究，建立澜湄各国农业产业研究、规划、技术专家储备库，逐步形成澜湄国家农业合作研究支持体系。定期梳理总结澜湄农业合作的进展和成果，编制澜湄农业合作发展年度报告。在《澜湄农业合作三年行动计划（2020—2022）》基础上，细化研究农业合作重点项目和政策建议，完善澜湄农业合作顶层设计，推动务实合作。

## （三）农业合作参与主体逐步多元化

协调国内外政府部门、科研机构、企业等多主体共同参与澜湄农业合作。加强六国农业部门间的战略对接与横向交流合作，共同谋划推动次区域农业科技、经贸、跨境疫病防控等领域的合作。发挥国内重点省区优势，与相关科研机构、"走出去"企业加强对接，加强澜湄农业合作的规划解读与政策宣介，与国家战略做好衔接，找到对接点、共赢点，促进协同联动，共同推动澜湄农业合作重点项目的实施。

## （四）农产品贸易合作逐步优化

在建设澜湄次区域一体化和命运共同体意识更加深入的背景下，澜湄国家的农产品贸易面临着良好的发展机遇。逐步发挥政府作用和服务功能，合理引导农产品贸易产品结构优化升级，转变"粗放型"模式，提升层次，延伸价值链，提高农产品的市场竞争力。挖掘各国资源潜力和互补性优势，优化利益分配和国别结构。加强和完善农产品贸易设施建设，深化农产品检验检疫监管合作，开展重点农产品质量安全合作，提高农产品贸易便利化程度。

## （五）农业投资合作层次不断提升

随着近年来农业投资合作总体增长的发展趋势，澜湄国家农业投资合作将不断拓展、提升层次。投资领域和方式更加多样，由传统的粮食、天然橡胶、木薯、甘蔗、热带水果种植向品种研发、加工、物流拓展。支持和推动澜湄国家农业合作园区建设，打造澜湄农业投资合作平台，吸引产业链相关的国内外企业入园，形成产业集聚效应，共享资源、互利共赢，提升园区产品竞争力，带动当地相关产业的发展与农民就业。

### （六）澜湄农业合作重点项目逐步聚焦

根据李克强总理在澜湄合作第三次领导人会议上提出的实施好"丰收澜湄"项目集群的要求，结合澜湄各国的发展需求，以澜湄合作专项基金项目实施为重点，逐步聚焦，重点在澜湄农业合作政策沟通对话、产业提升、投资贸易、能力建设等领域加强项目合作，整合资源，打造合作亮点和品牌，由点及线、以线带面，形成集群效应，提高澜湄次区域农业生产和产品竞争力，服务澜湄流域经济发展带建设。

# Progress and Prospect of Lancang-Mekong Agricultural Cooperation

*Jiang Ye   Yang Guang   Zhu Zidong*
*Zhang Yun   Zhang Bin*

**Abstract**   Lancang-Mekong Cooperation (LMC) is a new sub-regional cooperation platform jointly initiated and constructed by China and the five Mekong countries. It is a useful supplement to the China-ASEAN Cooperation and provides support for the Belt and Road Construction. Agriculture is one of the five priority areas of LMC. Lancang-Mekong agricultural cooperation has good foundation and great potential. It has established LMC Joint Working Group on Agriculture, Lancang-Mekong Agricultural Cooperation Center and the Exchange and Cooperation Consortium for Agricultural Sciences and Technology in the LMC. The Three-Year Plan of Action on Lancang-Mekong Agricultural Cooperation (2020 – 2022) was formally approved. The scale of agricultural trade and investment cooperation has been expanding, and the LMC Special Fund project has achieved initial results. At the same time, with the development and change of the international situation, Lancang-Mekong agricultural cooperation also faces new opportunities and challenges. The LMC countries should work together to strengthen cooperation in the fields of mechanism improvement, planning and research, strategic docking, science and technology exchange, investment and trade. Also they should jointly implement key projects, promote the deepening of sub-regional agricultural cooperation, and help the construction of LMC economic development belt.

**Key Words** Lancang-Mekong Cooperation; agricultural cooperation; progress; prospect

**Authors** Jiang Ye, Foreign Economic Cooperation Center, Ministry of Agricultural and Rural Affairs, Deputy Director and Associate Research Fellow; Yang Guang, Foreign Economic Cooperation Center, Ministry of Agricultural and Rural Affairs, Director and Associate Research Fellow; Zhu Zidong, Foreign Economic Cooperation Center, Ministry of Agricultural and Rural Affairs, Research Fellow; Zhang Yun, Foreign Economic Cooperation Center, Ministry of Agricultural and Rural Affairs, Associate Research Fellow; Zhang Bin, Foreign Economic Cooperation Center, Ministry of Agricultural and Rural Affairs, Associate Research Fellow.

# 马来西亚族际政治整合价值取向研究

许红艳

**【摘要】** 价值取向是族际政治整合的价值底蕴、精神内涵，指引着族际政治整合的实践活动。马来西亚在族际政治整合过程中采取的是马来人优先的价值取向。这种价值取向的形成经历了一个复杂的过程。马来人优先的价值取向在二战前已经萌芽，在制宪时期确立，并在1969年后强化。20世纪90年代以来，随着国内外环境的变化，马来西亚对此价值取向进行了调整。马来人优先的价值取向贯穿于马来西亚族际政治整合的全过程，对马来西亚的族际政治整合产生了重大影响。这种将马来人和非马来人"二分法"的价值取向，今后无疑会面临挑战。

**【关键词】** 马来西亚　族际政治整合　价值取向

**【作者简介】** 许红艳，云南民族大学澜湄国际职业学院，副教授。

马来西亚在族际政治整合过程中采取的是马来人优先的价值取向。马来人优先的价值取向贯穿于马来西亚族际政治整合的全过程，对马来西亚的族际政治整合产生了重大影响。马来人优先的价值取向直接影响着马来西亚国家的根本性质、不同族群的政治和法律地位以及现实生活中的利益再分配过程。马来人优先无疑是最具争议性的问题，甚至可以说是所有族群问题争议的集中体现。这种价值取向的形成与发展经历了一个复杂的过程。

## 一 马来人优先价值取向的奠定（1945—1957）

### （一）英国殖民统治与马来主权

马来人优先价值取向的形成建立在特定的历史基础之上。英国殖民统治之前，马来人已经在马来半岛上建立了几个马来王朝或政权，如柔佛、霹雳、雪兰莪等。在马来人的政治制度下，苏丹是各邦或各个封建王朝的最高统治者，同时也是最高的伊斯兰教领袖，因此马来苏丹也被视为马来人的象征。在19世纪初，各邦基本上相对独立，因此拥有绝对权力的马来苏丹被认为拥有对其统治地区的主权，即不容置疑的统治权威及权力。

马来苏丹的这种"主权"也得到英国殖民者的承认。20世纪初，在控制了9个马来土邦及海峡殖民地时，英国殖民统治者声称马来苏丹仍然是这些土邦的君主，而英国的角色只是一个保护者。例如，马来联邦的最高专员休·克利福（Hugh Clifford）指出："这是一个马来国家，我们英国受他们的统治者邀请而来到此，因此帮助马来人统治他们的国家是我们的责任。"[①] 一位负责殖民地事务的国会官员在报告中写道："在每个州，我们的立场都是基于神圣的条约义务……（这些州）过去是，现在是，将来也必须是'马来'州。马来原住民的进步一直是我们参与当地行政管理的主要目标。"[②]

在"马来人是马来西亚的主人"这一意识形态的指导下，英国殖民当局为马来人创设了一些"特权"。19世纪90年代，殖民当局仿照澳大利亚的模式推行土地制度改革，宣布土地为马来苏丹所有，个人通过"地契"获得土地。在这个过程中，雪兰莪土邦在1891年的土地法中规定，此前根据社会习俗占有土地的必须是回教徒，根据社会习俗占有的土地不得出售或抵押给非穆斯林。[③] 1913年，英国殖民政府制定了《马来人保留地法

---

① 陈贞荣：《马来西亚"马来之上"之研究》，台湾暨南国际大学，硕士学位论文，2011年，第40页。

② Leon Comber, *13 May 1969: A Historical Survey of Sino-Malay Relations*, Kuala Lumpur: Heimemann Asia, 1983, pp. 11 – 12.

③ Gordon P. Means, "Special Rights as a Strategy for Development: The Case of Malaysia", *Comparative Politics*, Vol. 5, No. 1, 1972, pp. 29 – 61.

案》，规定各土邦的驻扎官有权宣布无主土地及现属马来人的土地为"马来人保留地"，不能出售或抵押给非马来人。此外，英国殖民者在教育、政府公职等方面也给予马来人以特殊照顾，如提供奖学金、建立马来文学校以及招募贵族子弟充当中下级官吏等。

20世纪20—30年代，英国殖民者进一步倾向于扶持马来人，打压华人和印度人。1936年，高级专员申通·托马斯（Shenton Thomas）爵士在联邦理事会上宣称："这是我任职的第六个国家，我不知道在哪个国家，我所说的外国人——也就是说，在本地出生的非本国人或非英国人——曾被任命担任行政职务。"[1] 高级殖民官员乔治·马科斯韦尔（George Maxwell）说："将非马来人排斥在行政管理之外的政策的始作俑者是英国官员，而非统治者。"[2]

## （二）日本占领时期的影响

日本占领马来亚[3]后，沿用了英国亲马来人的政策。1943年1月，日军承认苏丹的宗教首领地位，并且恢复了他们的定额薪金。此外，日军也委任马来苏丹为"顾问"，并任命各团体的代表为咨询委员会成员。1943年开始，为争取更多马来人的支持，日军在每一个地方会议中启用马来人为地方行政官员，其中一半由日本人指派，另一半则从村长中选出。

在马来亚，日军宣扬"马来亚是马来人的马来亚"的理念，并刻意规定马来语为日军统治之下的东南亚地区共同语言，以获取马来人的支持。此外，日军占领时期也改变了马来人的政治意识。他们所资助的泛马运动提倡一个更大、更统一的"马来亚"概念，因而改变了马来人原先对各州的忠诚。而日本人"笼络马来人，培养出马来人个人自尊、权力共享的心理状况，也使马来人之间产生了团结情绪及同类意识"[4]。

1945年5月，马来人袭击了柔佛华人区，迫使数千华人不得不避难于大

---

[1] William R. Roff, *The Origin of Malay Nationalism*, Kuala Lumpur: University of Malaya Press, 1967, pp. 99 - 100.
[2] Charles Hirschman, "The Making of Race in Colonial Malaya: Political Economy and Racial Ideology", *Sociological Forum*, Vol. 1, No. 2, 1986, pp. 330 - 61.
[3] 英属马来亚（British Malaya），简称马来亚（Malaya），是大英帝国殖民地之一。
[4] 杨建成：《华人与马来西亚之建国：一九四六年——一九五七年》，中国学术著作奖助委员会，1972年，第103页。

市镇。1945年8月15日,日军宣布投降。日本投降后,马来亚人民抗日军一度接管国家政权。在大约两周的接管时间里,人民抗日军进行了整肃行动,并设立人民法庭对日据时期的亲日分子进行公审。在这当中,由于警察及行政官员大多数为马来人,因此敌视他们的人民抗日军对其采取了严厉的报复行动。马来人将此视为"侵略",并在村长和宗教领袖的指挥下组织起来,以牙还牙地报复华人。[①] 马来人称这段时期为"恐怖时代",而"刀和手枪统治"成为马来人永远难以忘却的记忆。[②] 许多马来民族主义者从此更加敌视华人,日军"马来人的马来西亚"理念因此更深植在他们的脑海里。

### (三) 马来人优先价值取向的确立

二战后,重返马来亚的英国殖民政府提出了马来亚联盟计划,旨在建立一个强大而有效能的中央政府,以巩固自己的殖民统治。根据该计划,不仅马来人,还有华人和印度人,只要视马来亚为家乡的人都可以享有公民权。该计划意味着将给予马来亚各族群平等的政治地位,因此遭到了马来人的强烈反对。

面对马来民族主义的激烈反对,英国殖民政府于是决定终止马来亚联盟计划。因为英国殖民政府知道,失去马来人的合作将不利于他们的统治。英国殖民政府很快用马来亚联合邦计划取代了马来亚联盟计划。马来亚联合邦保留了马来人的特权,恢复了马来苏丹的政治地位,并对非马来人取得公民权施予更为苛刻的条件。

马来亚联合邦计划保证马来统治者的地位及其州属主权之完整性,因此1948年马来亚联合邦计划可以说是马来人优先价值取向确立的起点。当时,虽然英国殖民政府仍然掌控着国家机关等权力机构,但是,在这一波民族主义运动的高潮中,马来人通过马来亚联合邦计划的条文确立了他们在马来亚的主权身份和代表这一身份的特殊地位。[③] 在这一份宪制文件中,马来人不但恢复了统治主权(苏丹们),同时也为取得日后的政治支配性

---

① 芭芭拉·沃森·安达娅、伦纳德·安达娅:《马来西亚史》,黄秋迪译,中国大百科全书出版社2010年版,第311页。
② 芭芭拉·沃森·安达娅、伦纳德·安达娅:《马来西亚史》,黄秋迪译,第311页。
③ 祝家丰:《马来特权的制定与其影响》,《人文杂志》2001年第3期,第54页。

地位铺平了道路。①

1948年的政治发展对后来马来亚的政治发展具有关键性的影响力。1957年马来亚独立时，其宪法几乎完全复制并采纳了1948年协定里的马来人主权地位及特权，这导致马来亚联合邦最终体现了"马来人的马来亚"理念。也就是说，马来人优先的价值取向在宪制发展过程中的第一回合，即1948年已然形成。直到1963年马来西亚成立时，其相关的宪法条文大体上仍然继承了1948年协定的精神。

马来亚联合邦成立后，在争取国家独立的过程中，各族群面临着尖锐而难以调和的族群利益和族群矛盾冲突。在制宪的过程中，各族群围绕公民权、马来人特权、语言、宗教等问题展开了博弈。在博弈中，既有斗争，也有妥协合作，独立宪法的制定是几大族群在有争议问题上斗争妥协的结果。在"马来人特权"方面，联盟党在1956年谈判中将公民权与"马来人特权"二者联系起来，作为一种交换。马来人精英与非马来人精英达成了一项"社会契约"，即马来人保有特殊地位，并占有主要政治统治权，作为交换，非马来人获得较宽松的公民权和经济事务不受干预的保证。由于在公民权上获得了让步，当时参与制宪的非马来人精英接受了宪法对马来人特殊地位的规定。

1957年颁布的马来亚宪法具有浓厚的马来主义色彩，对马来人的特殊地位进行了单独规定。宪法中对马来人的特别优待内容主要包括：最高元首由传统的马来苏丹组成的统治者会议选出（宪法第32条），规定只有马来人才能担任国家领导人，马来苏丹为大多数州和联邦的领导人；伊斯兰教被定为国家宗教（宪法第3条）；马来语为国家语言（宪法第152条）；土地保留给马来人（宪法第89条）；马来人具有特权，包括在公务员、教育设施、奖学金及贸易与商业准证、执照等方面享有优先权（宪法第153条）。同时宪法第153条第1条款也明确规定最高元首有责任保护马来人和东马土著的特殊地位。在这层层保障下，利用宪法赋予马来人特权获得充分的合理依据。

## 二 马来人优先价值取向的发展（1957—1969）

从1957年马来亚获得独立到1969年发生"五一三"种族冲突事件，

---

① 祝家丰：《马来特权的制定与其影响》，《人文杂志》2001年第3期，第55页。

马来人在这一段的政治发展中，通过巫统在联盟及政府的主导地位，逐渐建立起他们在政治上的优势及支配性地位。

## （一）1959 年联盟危机

在独立前，马来亚的华人与马来人势力相当，没有哪个族群能在政治上掌握绝对优势。马来人的政治支配地位可以从他们主导的联盟谈起。事实上，在联盟开始组建的时候，巫统并非一党独大。例如，在当时的联盟内部会议中，巫统和马华领导人曾轮流担任会议主席，而一些重要部门如财政部及工业贸易部向来都由华人出任部长，主要是因为华人在经济上具有优势。[1] 换言之，巫统与马华在联盟中的地位基本上可以说是"平起平坐"。但是，联盟内这种相对平等的协和式精神却在 1959 年发生了变化。

1958 年，林苍祐（Lim Chong Eu）当选为马华公会的总会长。在当选后，林苍祐雄心勃勃地欲通过改革来捍卫华人的权益。1959 年大选前，林苍祐提出由马华公会自己决定马华的候选人，并要求联盟分配 40 个国会议席给马华，这个数字占当时 104 个国会议席的 1/3 以上。同时，他还要求把华文教育列入联盟的竞选纲领。林苍祐的要求遭到东姑拉曼（Tunku Abdul Rahman）的回绝，最终无奈接受巫统给予 32 个竞选席位的安排。

这一事件是马来人政治支配的一个分水岭。在此之前，各族群在联盟中的地位并不悬殊。但是，林苍祐抗衡巫统失败直接造成华人社会权力结构的分解与政治权力的旁落，造成联盟中马华公会地位的衰落，"从此不能再与巫统平起平坐"[2]。此后，巫统正式确立了在联盟中的领导地位，也开始了对联盟的支配。

## （二）1962 年修宪案

1962 年，马来亚国会通过了宪法修正案。这一次宪法修正案包括公民

---

[1] 顾长永：《东南亚政府与政治》，五南图书出版有限公司 1995 年版，第 97 页。
[2] 陈剑红：《战后大马华人的政治发展》，林水檺、骆静山编：《马来西亚华人史》，马来西亚留台校友会联合总会，1984 年，第 95 页。

权条件取得方式的修改和选区划分权责的归属等,其中主要有两项:一是将出生地主义公民权改为欲成为公民者,除了本身必须在马来亚出生外,其父亲或母亲必须有一人是马来亚公民或永久居留者;二是选举委员会在选区划分上的最终裁决权力被移交给国会及将各选区的选民数差距由原本的15%上调到50%。① 由于当时的马来人多数在农村,因此这项偏重于农村选区的划分规定被认为是针对削弱华人选民投票能力而设计的,目的是让巫统更容易地控制更多的马来议席。针对此,马来西亚学者祝家华(Thock Kia Wah)指出,1962年修宪案的整体意义是让巫统有效地支配立法机构,即通过增加的马来选区选出更多的马来国会议员。因此他认为,这是巫统在取得联盟的支配权后,进一步控制支配了立法权——国家机关的重要权力。②

### (三) 马来官僚及其地方政治影响力的扩张

1965年,联盟政府因为当时与印尼对抗而宣布搁置州级以下的地方县市议会的选举。自此以后,县长、市议会主席、市长、市议员都变成政府的管委议员,而几乎全国的县市长及市议会主席都由马来人担任,这显示出巫统已经支配了马来亚地方层次上的政治。

独立后,公务员的录取和雇佣开始"马来亚化",即聘用、提升更多的本地人。③ 独立宪法规定,在政府的行政机构里实施"固打"(马来西亚以族群比例在特定领域中实施配额的制度)。独立宪法的第153条规定在内政部、外交部、警察部门及武装部队,马来人与非马来人的比例为四比一。④ 何启良(Ho Khai Leong)认为,独立后的十余年是马来亚行政机构马来化的过渡期,而这种现象的发展进一步巩固了马来特权。⑤

---

① 孙和声、唐南发合编:《风云五十年:马来西亚政党政治》,燧人民事业出版公司2007年版,第9页。
② 祝家华:《解构政治神话——大马两线政治的评析(1985—1992)》,华社资料研究中心,1994年,第59页。
③ 何启良:《独立后西马华人政治演变》,林水濠、何国忠、何启良等合编:《马来西亚华人史新编》(第二册),马来西亚中华大会堂总会,1998年,第71页。
④ 顾长永:《东南亚政府与政治》,五南图书出版公司1989年版,第100页。
⑤ 何启良:《独立后西马华人政治演变》,林水濠、何国忠、何启良等合编:《马来西亚华人史新编》(第二册),马来西亚中华大会堂总会,1998年,第55页。

## 三　马来人优先价值取向的强化（1970—1990）

"五一三"事件是马来西亚当代最重要的历史分水岭。东姑拉曼辞职后，拉扎克（Haji Abdul Razak）上台。拉扎克吸取了其前任东姑拉曼因实行"妥协政治"而下野的教训，宣布建立一个"马来人的马来西亚"，重申马来西亚由马来人统治的原则。① 这项原则因宪法修正案的通过而被提升到神圣不可侵犯的高度，马来人在政治上的优势因而发展为拥有完全的统治权。② "五一三"事件后，马来西亚已经由一个"基本上"是马来人的国家蜕变成为一个公开由马来人支配的国家。③ 拉扎克施政期间实行的三大政策反映了"马来人至上"意识形态及政治结构的强化。这三大政策分别是国家原则、国家文化政策及新经济政策。这三项政策强化了马来人在政治、经济、社会及文化上的优势及支配地位，甚至达到了一种霸权的状态。

### （一）国家原则

在1970年8月31日的国庆庆祝仪式上，最高元首宣读了五项国家原则以团结国民，包括：（1）信仰上苍；（2）对国家元首和国家效忠；（3）维护宪法；（4）崇尚法治；（5）培养良好的行为与道德。齐顺利指出，"国家原则"的导言中特别阐述了第三条原则，即"维护宪法"。他认为，在国家原则中重申支持宪法意味着对体现"马来人的马来西亚"的宪法赋予了显著的位置。④ 杨建成（Lam Kin Seng）则论述说，"国家原则"对非马来人强调了宪法中有关君主立宪制度及马来人特殊地位条文是决不可侵犯的，换言之，"国家原则"坚决而含蓄地肯定了马来西亚就是马来人的国家这一政治原则，或更直白的意思是：华人等外来移民必须在"国家原

---

① 赵永茂：《马来西亚族群政治与政党政治的特质》，《东南亚季刊》1996年第1期，第26页。
② 李一平：《自由与权利：在马来西亚华人与马来人之间》，梁志明主编：《面向新世纪的中国东南亚学研究：回顾与展望》，香港社会科学出版社2002年版，第669页。
③ 王国璋：《反思五一三》，《人文杂志》2002年第5期，第10页。
④ 齐顺利：《马来西亚民族建构和马来文化强势地位的形成》，《河南师范大学学报》（哲学社会科学版）2008年第4期，第80页。

则"的指引下向这个马来人的国家表示效忠认同,别无选择余地。①

## (二)国家文化政策

文化分歧被执政党认为是"五一三"事件发生的一个原因。因此,"五一三"事件后国家团结局主席丹斯里加沙里(Tan Sri Ghali)认为国家必须拥有自己的思想形态,以免"五一三"事件重复发生。1971年马来西亚举办了"国家文化大会"。这一次大会共讨论了60篇论文,内容包括文学、音乐、舞蹈等。"国家文化大会"制定了"国家文化"的三大原则。许德发(He Tak Fa)从马来西亚建国的角度出发,认为真正的马来国家主义乃是在"五一三"事件后崛起的,于是出现了一个在文化、经济上企图将"马来色彩"国家化的过程,而"国家文化"正是在这样的意识形态下被正式提上国家议程。② 国家文化政策的实行,使得20世纪七八十年代马来西亚的官方活动受到了马来文化的宰制。③

## (三)新经济政策

"五一三"事件爆发后,马来西亚出台了新经济政策。该政策的目标主要是消除贫困、社会重组和国民团结,其中社会重组是该政策的问题核心,主要目的就是改变马来人的贫穷状况。为了缩小族群间的经济差距,政府出台了一系列政策措施。可以说新经济政策是一项系统工程,政府出台的各项政策都是要扶持马来人的经济发展,大致包括以下几个方向:为马来人增设国营事业、强制私人企业将股份分配给马来人、发展马来农村地区、给马来人提供各种福利和优惠条件、在教育领域照顾马来人等。

新经济政策实施之后,马来人逐渐掌握了国家经济的控制权,并且建立起一个政治权与经济权皆握在马来人手中的马来西亚。④ 尽管新经济政

---

① 杨建成:《华人与马来西亚之建国:一九四六年——一九五七年》,中国学术著作奖助委员会,1972年,第243—249页。
② 许德发:《国家文化:建构与解构之间》,《人文杂志》2000年第11期,第2页。
③ 齐顺利:《马来西亚民族建构和马来文化强势地位的形成》,《河南师范大学学报》(哲学社会科学版)2008年第4期,第80页。
④ 顾长永、林伯生:《从"新经济政策"论马来西亚的种族关系》,《东南亚季刊》1996年第1期,第31页。

策号称是一个双管齐下解决贫穷问题和重组社会结构的政策，但是在马来西亚政府执行此政策时表现出"土著至上"的观念，实际做法却是全面扩大马来人的经济实力及通过培养马来资产阶级建立马来工商社会，使得此政策与"土著至上主义"画上了等号。[①]

有学者认为，新经济政策是马来西亚宪法之外最重要的政治文件。[②]作为一个实际上涵盖经济、社会、政治与文化的政策，学者米尔恩（R. S. Milne）认为，它是巫统利用国阵取得全面政治控制后用以加强经济控制的另一个杰作，而詹姆斯·摩根（James Morgan）甚至认为新经济政策是"五一三"事件后马来西亚真正的国家理念。[③]

## 四 马来人优先价值取向的调整（1991年至今）

在20世纪70年代到90年代期间，巫统政府采取一种野蛮推进、直接干预的手段来扶持马来人的经济发展，同为一国公民的非马来人群体则受到不平等的压制。巫统政府对非马来人的压制实质上是"弱异求同"的体现。到了20世纪90年代，随着国内外环境的变化，巫统政府开始逐渐重视马来西亚作为多族群国家的社会现实。国内外环境的不断变化和新经济政策时期刚性的族际政治整合所带来的弊端使马来西亚政府对马来人优先的价值取向进行调整。

### （一）国族概念的提出

20世纪90年代以后，马来西亚总理马哈蒂尔（Datuk Seri Dr. Mahathir bin Mohamad）在"2020年宏愿"里提出了"马来西亚国族"的概念。"2020年宏愿"的最终目标是将马来西亚建设成为一个全面发展的工业化国家。马哈蒂尔称要完成这个宏愿，马来西亚必须面对九项挑战，其中第一项挑战就是"建立一个团结、具有共同目标的马来西亚。国家和平、领

---

[①] 祝家华：《解构政治神话——大马两线政治的评析（1985—1992）》，华社资料研究中心，1994年，第19页。

[②] 何启良：《独立后西马华人政治演变》，林水濠、何其良、何国忠等编：《马来西亚华人史新编》（第二册），马来西亚中华大会堂，1998年，第87页。

[③] 江炳伦：《亚洲政治文化个案研究》，五南图书出版公司1989年版，第179—180页。

土完整、族群融合、生活和谐、充分合作，塑造一个忠于君国和为国献身的马来西亚国族（Bangsa Malaysia）。"① 到时候，"任何肤色和宗教信仰的人们都能自由地保持和享受个人的习惯、文化、宗教、信仰"②。马哈蒂尔对"马来西亚国族"的解释是："华人可以在家中讲华语，马来人可以在家里讲马来语，各自的语言文化、宗教信仰不会改变。不同的只是大家要想到这是同一个国家，不要再分彼此，而要相互容忍和接纳。"③ 同时他还声明："过去，我们尝试塑造单一的实体，然而人民之间的紧张情绪和猜疑之心却因此而起……他们担心必须放弃自己的文化、价值体系和宗教信仰。这是不可行的，而我们相信马来西亚国族是解决问题之道。"④

## （二）国家发展政策的施行

在经济方面，巫统政府从原来注重纠正族群间经济不平衡转向注重所有族群经济的发展，以经济发展为主轴，利用经济发展来消弭国内的族群竞逐与冲突。在此思想指导下，政府先后推出国家发展政策和宏愿政策。国家发展政策并不是一个全新的经济政策，在一定程度上可以说是对新经济政策的修正。二者存在密切联系，国家发展政策主体部分仍旧持续推行消除贫穷、重组社会的目标，但在观念与实践方式上有所改变。

国家发展政策将发展问题置于首位，强调经济成长与利益分配之间的均衡发展，鼓励不同族群间的经济合作，而不再执着于股权结构的调整。国家发展政策除了延续新经济政策的马来人股权增长原则外，更加强调各族群都有机会获得公平的资源分配。从实现目标的方式来看，新经济政策强调通过直接剥夺华人及其他非马来人财富从而缩小族群经济差距的方式来改变整个社会的经济不平衡现象，采取政府直接干预经济的方式，在手

---

① [马] 马哈蒂尔：《迈向前路（2020年宏愿）》，[马] 曾庆豹：《与2020共舞：新马来人思潮与文化霸权〈附录二〉》，陈亚才等译，华社资料研究中心，1996年，第92—93页。
② [日] 原不二夫：《马来西亚华人眼中的"马来西亚族群"》，刘晓民译，《南洋问题译丛》2001年第2期，第71页。
③ 李一平：《一党独大下马来西亚多党联盟政治的发展》，《当代亚太》2005年第12期，第13页。
④ The Star 11 September 1995，转引自何国忠《马哈迪的族群政策与华人社会》，马来亚大学中国研究所，http://www2.nsysu.edu.tw/cseas/paper0520/paper12.doc。

段上体现出强制、野蛮、刚性的特点。而国家发展政策强调的则是经济增长，减少政府对经济的直接干预，在纠正族群间经济不平衡问题上所采取的手段相对温和。国家发展政策重申30%的目标（即使马来人在公司股权的占有率提升到30%），但是却没有制定具体时限，国家发展政策减轻了国有企业在重建社会中的作用。国家发展政策至少在形式上体现了民主决策的思想，新经济政策则完全是巫统赤裸裸的专权独断。在国家发展政策时期，政府在一定程度上放松了《工业调整法》的管制范围，减少了直接干预的力度，逐渐开放到给予非马来族群更多平等的竞争与开放空间。

## （三）单元文化教育政策的调整

20世纪90年代，随着经济领域战略的调整，政府在文化教育领域也开始对原来刚性单一的单元文化教育政策进行调整。在新经济政策时期，马来西亚政府文化教育领域的族际政治整合含有强烈的族群色彩，贯彻以马来族群为核心的"一种语文、一种文化、一个民族"单元化政策。在国家发展政策时期，随着国家经济发展战略的转变，政府对教育文化政策进行调整，允许保持文化的多元性，提出了文化、宗教多元化发展的战略目标。

1995年马来西亚政府对教育法令进行修改，删除华族社会最在意的第21条第2项有关将华文小学改为以马来文传授的国民小学条文。因马来、印度族群进入华文小学就读的人数逐年增加，政府1999年批准兴建四所新的华文小学。在第六个大马计划内，华文小学获得的政府拨款也在增加。在1995年政府预算中，政府首度宣布向800多所半津贴华文小学拨款。在高等教育领域，政府通过大专教育私营化和自由化政策，允许成立私立大专。截至1997年中期，马来西亚全国共有335所私立高等教育机构。在华文高等教育机构方面，南方学院、韩江学院和新纪元学院先后成立，舒缓了华人社会对高等教育需求的压力。[1]

在华文教育方面，提倡回儒交流，鼓励马来人学习中文，对华文教育和华人文化采取灵活措施。鉴于华文经济价值的提升，政府鼓励他族学习

---

[1] In-Won Hwang, *Personalized Politics*, *The Malaysian State under Mahathir*, Singapore: Institute of Southeast Asian Studies, 2003, pp. 246-249.

华文，导致华文小学人数增加。资料显示，1990年华人儿童进入华文小学就读比例逐年增加，从1980年的85%提高到1998年的90%以上。非华裔儿童在华文小学就读人数在2000年已经超过65000人，约占总入学人数的10%—12%。这表明华文在马来西亚逐渐受到重视。① 马来西亚政府也考虑到将儒家思想的伦理道德观纳入小学课程，以配合马来西亚2020年成为工业先进国的目标，而致力于提升下一代民众的道德水平，以建设具有崇高道德观念的社会。

在华人文化方面，非马来人文化被多数马来学者和文化机构看作国家文化的一部分。舞狮准证获批，马哈蒂尔亲临华人文化节开幕礼，副首相安华（Dato'Seri Anwar bin Ibrahim）挥毫泼墨，营造"我们都是一家人"的氛围，这与2020年先进宏愿相契合，显示出国家正朝向多元文化发展，建构团结一致的马来西亚国族。②

总之，马来西亚政府对国家发展政策执行方式做了调整，将国家的经济发展策略由原本只重视马来族群的利益逐渐开放到给予非马来族群更多平等的竞争与开放空间。对非马来族群整合工作日趋缓和，在政治上逐步淡化意识形态色彩，放宽华人到中国旅游探亲的限制。在经济上鼓励华巫合作，华商到中国投资不再被视为是对国家不忠的表现。在文化教育领域，马来西亚调整单元化同化政策，允许保持文化的多样性。为了推动国家认同，进一步提出了超种族的"马来西亚族"概念。这些都表明巫统政府的族际政治整合取向发生了转变，由新经济政策时期的"弱异求同"转向"求同存异"。

## 五　对马来人优先价值取向的评价

在马来西亚族际政治整合的过程中，马来人优先一直是占据主导地位的价值取向。马来人优先在历史上由马来民族主义者所提出，并在政治发展过程中被后来掌握了权力的马来政治精英集团即巫统所利用、建构、操作，并将其以马来人为中心的理念、意识形态、政策及实践合理化。

---

① 李悦肇：《马哈迪时期马来西亚之国家整合（1981—2003）》，博士学位论文，台湾中国文化大学，2004年，第281页。
② R. S. Milne and Diane K. Mauzy, *Malaysian Politics under Mahathir*, London: Routledge, 1999, p. 96.

在政治上，马来西亚采取二分法，对马来人与非马来人进行了区分。二者的政治地位完全不同，马来人在政治上享有诸多特权。实际上，世界上大部分国家都存在公民权利不平等的现象，但像马来西亚这样在宪法上明确规定某一族群享有特权的国家极为少见。马来人自视为国家主人，强调"马来人主权"，在他们看来，政府采取政策帮助和扶持马来人是理所应当的，具有合法性和正当性。但是，对于华人、印度人等非马来人而言，他们觉得自己在这个国家受到了不公平的待遇，对自己在政治上身为二等公民表示不满。

在经济上，20世纪70年代初以后，政府强化了马来人在经济领域的特权。新经济政策要"纠正"历史上马来人经济落后的局面。在实质上，这种政策的思想基础是"马来人优先主义"，政府力图证明马来人的特殊权利是马来人应当享有的正当权利：马来人具有"原住民"的地位，应当成为国家经济的主人。为了提高马来人的经济地位，马来西亚政府采取用行政权力介入市场、用强制性的手段实施专门照顾和提升马来人经济发展的政策。在执行过程中新经济政策刚性的族际政治整合措施以及明显偏袒马来人的做法，引起了非马来人的强烈不满。马来人与非马来人之间的族群情绪并未因新经济政策的实施而产生国民团结的结果，反而再度拉开了马来西亚社会族群间的距离，并未达到社会融合的目标，不利于族际政治整合。

在文化教育上，马来西亚政府将教育作为一种工具，希望通过国家教育政策及文化传播等方式来改造或同化非马来人的文化，将马来西亚整合为"一个国家，一个民族"。所以，政府一方面出台了一系列改革非马来人教育的计划来推动教育的马来化；另一方面在高等教育领域实行族群配额制度，提高高等教育领域马来学生的录取比率，提供大量优惠的海外升学奖学金，以鼓励全国成绩优良的马来学生出国深造。这种单元化教育同化政策自然引起了非马来人的强烈反对，造成族群冲突和族群矛盾不断，反而强化了族群意识，不利于族群融合。

马来西亚在马来人优先价值取向的指引下长期推行一系列马来人优先的政策，带来了一系列的弊端。在政治上，非马来人对在国家政治生活中长期处于"二等公民"的不平等政治地位不满，希望得到公平的对待。在经济上，马来西亚政府对马来人的扶持政策助长了马来人的依赖性。非马来人的积极性遭到了打击，非公平的经济政策不可能调动他们的积极性，影响国家在国际社会中的竞争力。在社会生活中，族群矛盾加深，族群隔阂加深。

马来西亚政府的马来人优先政策在实行过程中所带来的各种弊端也引起了马来人的不满，比如日益严重的马来人内部贫富分化问题、巫统的腐败问题等。马来人对巫统历来向他们灌输的意识形态——"巫统就是马来人，马来人就是巫统""只有巫统才能真正保护马来人"提出了质疑。在此背景下，马来西亚对原来刚性的族际政治整合措施进行了调整。马哈蒂尔提出了马来西亚民族的概念，指出要在马来西亚建构一个不分族群、族群融合的马来西亚民族。纳吉布（Dato' Sri Mohd Najib bin Tun Haji Abdul Razak）在位时期提出"一个马来西亚"的治国理念，实行了一系列促进族群平等的措施。但总的来看，马来西亚政府并没有改变马来人优先的族际政治整合价值取向，各族群的发展机会与相对获益的不平等至今仍很明显，一些非马来人社会精英担心本族群在国家议程中被边缘化。马来西亚华人社团最高机构——中华大会堂会长林玉唐（Lim Yoke Teng））强调，"任何扶贫政策都不应有族群之分，更不能通过限制或剥夺一个族群的发展机会来扶助另一族群，否则就会引起不满，与政府消除贫困、重组社会的目标背道而驰。"[①]

在族际政治整合的过程中，马来西亚政府总体上以马来人优先为价值取向，在政治、经济、社会等层面推行了一系列优待马来人的政策措施。但在具体的实行过程中，马来西亚政府能够根据情势的变化适时地进行调整和改进，增加多元文化主义因素，缓和族群矛盾，避免族群零和博弈。尤其是20世纪90年代以来，马来西亚政府虽然仍然坚持马来人优先的价值取向，但在实践过程中却越来越倾向于采取逐步、温和式的"整合"政策，依靠多数马来族群在众多方面的优势地位，来促使非马来人等少数族群在自觉或不自觉的过程中，于潜移默化中进行融合同化，接受多数族群马来人的文化，达到族际政治整合的成效。

## 结　语

后发多民族国家"普遍面临着把诸多语言、文化、种族、宗教等存在

---

[①]《大马华总发文告：政府扶贫政策不应分种族和地域》，《星洲日报》2007年3月20日。

差异的族类共同体整合到统一的多民族国家中的任务"①。为了把存在差异的族群整合在一个统一的政治共同体内,不少国家采取了以同质化为根本要求的"求同"取向。马来西亚在族际政治整合的过程中也采取了"求同"取向,这本无可厚非。马来西亚马来人、华人、印度人三大族群之间不仅存在着巨大的差异,因历史原因,各族群之间还存在着互不了解和互不认同的族群和文化偏见。在这种情况之下,以巫统为首的政府以马来族群为核心,以马来人的历史、文化和语言来同化华人和印度人。这种马来人和非马来人的"二分法",将一国公民截然划分为权利义务多寡不同的两个范畴。巫统政府根据人们的族群身份来给予其相应的公民权,人们的际遇因此而不同,这强化了人们的原初性忠诚,而无助于马来西亚民族认同的形成。虽然在具体的实践过程中,马来人优先的族际政治整合具有灵活多样、理性务实的特点,在同化和多元之间游移寻求稳定的平衡点,在族际关系上也达到了一个各族群能够接受的利益平衡点,但是从长远来看,对马来西亚而言,如何跨越族群界限、超越不同利益群体、避免被优势族群挟持以及站在国家整体利益的角度来制定族际政治整合政策,仍是其不得不面对的挑战。

# A Study on the Value Orientation of Inter-Ethnic Political Integration in Malaysia

*Xu Hongyan*

**Abstract** Value orientation is the value and spirit connotation of inter-ethnic political integration, which guides the practice of inter-ethnic political integration. In the course of inter-ethnic political integration, Malaysia takes the value orientation of Malay priority. The formation of the value orientation has gone through a complicated process. The value orientation germinated before World War Ⅱ, established in the constitution period and strengthened after 1969. Since the 1990s, with the change of environment at home and abroad, Malaysia has ad-

---

① 高永久、朱军:《论多民族国家中的民族认同与国家认同》,《民族研究》2010年第2期,第28页。

justed its value orientation. The value orientation of Malay priority runs through the whole process of inter-ethnic political integration in Malaysia, which has a great impact on inter-ethnic political integration in Malaysia. The value orientation of the dichotomy between Malay and non-Malay will undoubtedly face challenges in the future.

**Key Words**　Malaysia; Inter-ethnic Politics Integration; Value Orientation

**Author**　Xu Hongyan, Department of Lancang-Mekong International Vocational Institute, Yunnan Minzu University, Associate Professor.

# 会议综述

## Conference Review

# 应对新冠肺炎疫情冲击 推动"一带一路"高质量发展

## ——"中国—中南半岛经济走廊建设研讨会"综述

王玉主　李博艺　余俊杰

【摘要】2020年7月17日，"中国—中南半岛经济走廊建设研讨会"在广西大学举行。本次研讨会以"应对新冠肺炎疫情冲击 推动'一带一路'建设高质量发展"为主题，来自国内与东盟国家的专家学者围绕"新冠肺炎疫情对'一带一路'建设的影响""新冠肺炎疫情背景下中国—中南半岛经济走廊建设""中美关系与'一带一路'倡议推进"等议题，就中国—中南半岛经济走廊建设进行了深入讨论。

【关键词】中国—中南半岛　新冠肺炎疫情　"一带一路"

【作者简介】王玉主，广西大学中国—东盟研究院，研究员；李博艺，广西大学国际学院，硕士研究生；余俊杰，广西大学商学院，博士研究生。

2020年7月17日，中共中央对外联络部"一带一路"智库合作联盟秘书处与中国—东盟区域发展省部共建协同创新中心共同主办的"中国—中南半岛经济走廊建设研讨会"在广西大学国际学院召开。本次研讨会以"应对新冠肺炎疫情冲击，推动'一带一路'建设高质量发展"为主题。在开幕式上，当代世界研究中心副主任王立勇、广西人大教育科学文化卫生委员会副主任委员、中国—东盟区域发展省部共建协同创新中心常务副理事长梁颖分别致开幕词，来自中南半岛的柬埔寨、老挝、缅甸、泰国、越南及国内的专家学者，通过视频连线的方式，围绕"新冠肺炎疫情对'一带一路'的影响""新冠肺炎疫情背景下中国—中南半岛经济走廊建设"及"中美关系与'一带一路'倡议推进"三项议题进行了深入交流和研讨。

## 一 "中国—中南半岛经济走廊建设研讨会"开幕式

在开幕致辞中，当代世界研究中心副主任王立勇指出，新冠肺炎疫情下的中国—中南半岛经济走廊建设取得了一系列重要成果，印证了"一带一路"建设契合各方利益诉求和发展需要，凸显了"一带一路"国际合作的重要意义。未来中国—中南半岛经济走廊建设应围绕以下方面持续推进：第一，推动中国与中南半岛国家间的公共卫生合作，共同提高公共卫生能力和水平，打造区域卫生健康共同体。第二，推动各方妥善应对疫情冲击，加强复产合作，统筹推进疫情防控和经济社会发展。第三，加强战略对接，转危为机，推动高质量共建中国—中南半岛经济走廊。第四，积极开展区域交往与人文交流。王立勇还希望，各与会智库学者通过"一带一路"研究领域的深入交流和友好合作为双方架起理解和友谊的桥梁。

广西人大教育科学文化卫生委员会副主任委员、中国—东盟区域发展省部共建协同创新中心常务副理事长梁颖强调，中南半岛是"一带一路"建设的重要方向，中国与中南半岛国家是一衣带水的友好邻邦，经济互补性强，市场容量、合作空间和发展潜力巨大。2015年，中共中央对外联络部牵头成立"一带一路"智库合作联盟，该联盟旨在凝聚国内外智库力量，围绕"一带一路"建设开展政策性、前瞻性研究，为中国和"一带一路"沿线国家政府进言献策，增进国家间的政策沟通，推动各方将共商、共建、共享的原则落到实处。作为"一带一路"智库合作联盟理事成员单位，广西大学中国—东盟研究院自2017年起负责牵头中国—中南半岛经济走廊智库联盟建设，为"一带一路"智库合作联盟与东盟智库开展更有深度和更为广泛的合作搭建平台、挖掘潜力，有力推动了中国—中南半岛经济走廊智库合作网络的可持续健康发展。

在开幕式上，还发布了《中国—中南半岛经济走廊智库合作机构关于共同推进新冠肺炎疫情防控国际合作与中国—中南半岛经济走廊高质量发展的倡议》（以下简称"倡议"）。倡议提出：各方应秉持人类命运共同体理念，齐心协力，守望相助，携手应对，坚决遏制疫情蔓延势头，打赢疫情防控全球阻击战；坚定支持世界卫生组织发挥全球抗疫领导作用，在世界卫生组织指导和协调下采取科学合理、协同联动的防控措施；反对把公共卫生问题政治化，反对借疫情对他国搞污名化，反对歧视任何国家、地区和族群的言论和做法；坚持共商共建共享原则，进一步加强政策沟通协调，合作应对疫情所带来的困难和挑战；积极探索中国—中南半岛经济走廊合作新的增长点，发挥各自的比较优势，更好地实现各方共同参与、共同受益；支持中国—中南半岛经济走廊智库合作机构间加强沟通交流，围绕疫情防控国际合作与"一带一路"高质量发展的前沿热点问题合作开展深入研究，提出更多务实管用的政策建议，更好地服务中国—中南半岛经济走廊国际合作及地区经济社会健康发展。

## 二 新冠肺炎疫情下的"一带一路"倡议

### （一）新冠肺炎疫情对"一带一路"倡议落实的影响

新冠肺炎疫情暴发对"一带一路"沿线国家和地区的经济社会发展造成较大的影响，与会专家从"一带一路"倡议总体落实、经贸关系、人员交往、基础设施建设和未来合作前景等视角进行分析。

广西大学副校长、广西大学国际学院院长范祚军利用大数据分析手段发现，在疫情持续蔓延和疫情管控的情况下，商品服务和人员的跨境流动受阻，位于东盟国家的"一带一路"相关项目都面临着一些困难。在贸易、投资、客运量缩减的情况下，应发挥东盟在"一带一路"合作当中的积极作用，推动中国东盟命运共同体建设，全力推进有助于中国—东盟民心相通的工程。

广西大学商学院院长何诚颖认为，在新冠肺炎疫情的背景下，入境限制、隔离、交通管制及口岸检疫强化等举措影响着"一带一路"的推进，在短期内不利于中国与"一带一路"沿线国家与地区的经贸往来，从长期来看则可能降低"一带一路"沿线国家对中国的期待以及对中国企业的信心。这对我们如何在疫情背景下继续发展同"一带一路"沿线国家的经贸关系、提振企业信心构成挑战。

清迈大学泰国东盟研究中心主任尼西·攀塔米（Nisit Panthamit）以泰国为例就新冠肺炎疫情对"一带一路"沿线国家和地区的影响进行分析，认为新冠肺炎疫情深刻影响了泰国的投资以及消费、旅游、文化以及制造业等方面，特别是中泰两国的人员往来与交流受到极大限制。此外，在"一带一路"倡议推进过程中，中泰两国共同推动建设的贸易产业网络及基础设施互联互通项目因疫情而受到巨大冲击。

曼德勒大学国际关系学院副教授季玛（Kyi Mar）强调，缅甸作为"一带一路"经济走廊的关键节点，在"一带一路"倡议中处于独特地位。对于"一带一路"倡议的顺利推进意义重大。新冠肺炎疫情的暴发，极大地冲击了"一带一路"沿线国家与地区的生产生活与相互交流，一些项目建设被迫中断。人们对可能出现"第二波"疫情的畏惧，使得社会难以回归正常运转。中国在这样的背景下坚持共商共建共享原则，推动与"一带一路"沿线国家与地区间的合作，并暂缓最贫困国家的债务偿付，对继续和加强各国合作互信提供了动力。

仰光大学国际关系学系讲师庭庭艾（Tin Tin Aye）指出，新冠肺炎疫情对于缅甸来说是一个非常大的挑战，在疫情期间，中缅两国携手互助，合作抗疫，不仅展示了中国积极正面的大国形象，同时中国企业也塑造了具有社会责任感的良好形象，为进一步密切两国关系奠定了基础。

老挝国家经济研究所企业发展与国际一体化政策中心主任潘帕科特（Phanhpakit Onphanhdala）认为，在新冠肺炎疫情下，"一带一路"在建项目中有20%受严重影响，30%—40%受一定程度的波及，另有近40%的项目正常推进。在老挝的项目虽在一定程度上受到影响，但包括中老铁路项目、万象和磨丁铁路项目在内的重要项目仍在稳步推进。

## （二）新冠肺炎疫情背景下"一带一路"发展的新思路

广西大学商学院院长何诚颖认为，疫情之下推动"一带一路"高质量发展，首先应充分发挥政策沟通与互联互通的桥梁与平台作用，其次要发挥"一带一路"合作机制的协调作用，最后要充分发挥自贸区的引领作用和中欧汇率在国际物流中的作用，保持贸易畅通，共同维护全球供应链发展的稳定环境。

北京大学国际关系学院教授翟崑则围绕新冠肺炎疫情与"一带一路"转型发展进行了深入阐述。他认为，新冠肺炎疫情背景正好是我们重新思考如何更好地推进"一带一路"建设的时候。下一阶段"一带一路"倡议应逐步形成探索型规划，中国坚决推动"一带一路"倡议的态度不会改变，"一带一路"倡议的推动应当落实到重点区域、重点国家、重点项目与重点领域。此外，体系化管理、高质量发展、结构化服务、数字化趋势以及包容性合作也应当成为未来"一带一路"倡议推进过程中的重中之重。

暨南大学国际关系学院、华侨华人研究院院长张振江认为，短期内新冠肺炎疫情给"一带一路"倡议的落实带来不少困难，不少新项目因疫情管控原因而被迫叫停。但这个困难是全球性的，对每个人、每个项目和每个国家来说都是一样的。从长期来看，各国倡议并推动人类命运共同体建设，增进交流与互动，将助推双边、多边和区域合作的新发展。从这种意义上讲，"一带一路"倡议将有一个光明的未来。

## 三 新冠肺炎疫情背景下中国—中南半岛经济走廊建设

各学者深入分析新冠肺炎疫情对中国—中南半岛经济走廊建设的影响，并就后疫情时代中国—中南半岛经济走廊建设所面临的挑战与机遇展开讨论和展望。

### （一）新冠肺炎疫情对中国—中南半岛经济走廊建设的影响和挑战

江苏社科院世界经济研究所所长张远鹏认为，疫情总体上对中国—中南半岛经济走廊建设的影响较小，主要原因包括：第一，中国迅速控制住疫情，稳妥安排复产复工；第二，中南半岛国家疫情控制比较好；第三，中国与中南半岛国家地缘相近，中越陆路通道发挥着重要作用；第四，中国与中南半岛国家政府间合作关系密切，有助于彼此在海关、交通、物流方面的协调与沟通。

越南社会科学院越南研究部副主任阮邦农（Nguyen Bang Nong）就疫情前后的中国对越投资情况进行了分析。他认为，2015—2019年中越经济关系不断密切,中国在越南的直接投资日益增加,2019年中国对越投资存量超过160亿美元,中国对越投资存量在各国对越投资中排名第七,主要投资领域为制造业,包括纺织鞋履、房地产、电热能等。在新冠肺炎疫情的影响之下,2020年1—5月,中越双边贸易额达440亿美元,同比增长2%,但是具体数据类别既有上升又有下降。在新冠肺炎疫情背景下,中越两国把合同贸易作为重点,即先签署合同,再进行运货。

云南大学国际关系研究院院长卢光盛指出,在后疫情时代中国与中南半岛国家间的经济合作仍面临诸多挑战:第一,新冠肺炎疫情仍未完全结束,人们对于疫情反弹的担忧还在持续;第二,新冠肺炎疫情使中南半岛国家的债务形势不容乐观,可能会影响"一带一路"倡议的落实,影响其他有较大资金需求的合作项目的落实;第三,中国对中南半岛国家的投资可能会有所下降;第四,中美存在着脱钩的风险,美国对华战略竞争将会变本加厉,可能会进一步推动美国贸易结构的去中国化。在这种情况之下,东南亚包括中南半岛国家在内,可能面临着一些新的战略选择。

广西大学中国—东盟研究院副院长程成指出,新冠肺炎疫情的暴发,加剧了各个国家之间供应链的不信任度,尤其是发达国家开始重新审视和中国的供应链关系,考虑建立独立于中国的生产体系,甚至可能在全世界范围内掀起整个产业链和供应链的去中国化。而此次疫情使原本就处于价值链低端的中南半岛国家更是雪上加霜,将在整个全球价值链当中处于更加被动、更加边缘化的位置。

## (二) 后疫情时代中国—中南半岛经济走廊建设展望

外交学院亚洲研究所所长郭延军指出,新冠肺炎疫情在全球范围内迅速蔓延,并迅速演变成全球性公共卫生危机,对国际关系、国际秩序和东亚区域合作产生了深远影响。中国与中南半岛国家山水相连,相互集成度高。面对巨大的外部挑战,特别是在共同抗击新冠肺炎疫情的过程中,中国与中南半岛国家的合作展现出强大的韧性和潜力,为后疫情时代构建以人为本的中国—中南半岛合作框架打下坚实基础。

中国金融学会副秘书长、广西大学中国—东盟金融研究院院长杨再平认为,中国—中南半岛经济走廊覆盖了世界22.0%的人口,27.5%的全球劳动力，全球16.4%的国内生产总值，凸显出中国—中南半岛经济走廊在"一带一路"六大经济走廊中的重要性。新冠肺炎疫情之后，中国—中南半岛经济走廊的发展应围绕更加密切的联系、新基础设施建设项目、全面数字化、广泛的工业合作和推广金融一体化五个方面推进。

江苏省社科院世界经济研究所所长张远鹏指出，中国应该加快中国—中南半岛产业链建设，在"一带一路"建设框架下进一步加强数字经济方面的基础设施，特别是移动通信基础设施建设，包括5G建设；探索中国境外产业园区开发的金融创新，推动区域全面经济伙伴关系协定（RCEP）的签署；加强疫情防控与疫苗研发方面的合作；加强数字经济方面的合作。

云南大学国际关系研究院院长卢光盛认为，首先，在后疫情时代中国与中南半岛国家的经济合作会进一步增强，从而形成一个开放的区域经济生态圈，引领后疫情时代全球经济的复苏。其次，全球的产业链价值链正面临着重塑，在这个时候，中国和中南半岛国家的经济捆绑将会进一步加深，全球范围内的产业链价值链有可能呈现出收缩态势，全球经济分工链条有望向区域化方向整合。最后，新经济将成为中国与中南半岛国家合作的新增长点，为区域经济提供新的动力。

广西大学中国—东盟研究院副院长程成认为，构建中国—中南半岛国家的区域价值链既迎合了中南半岛各个国家借助外力实现突破式发展的诉求，也有助于中国加强自主创新，集聚资源，参与研发设计、品牌营销这些高附加值的环节，这样有助于中国和中南半岛国家主动参与全球的规则制定，整合全球的优质要素，培育新型的市场，提高市场的占有率，突破目前的低端锁定，实现从之前被动嵌入价值链到区域主导价值链的转变。关于构建中国—中南半岛国家的区域价值链的路径，她认为，首先是优势产业互补，构建区域内更加紧密的生产和市场网络，其次是实现全产业链的深度融合，最后是在中南半岛国家建设有一定影响力和辐射作用的战略性新兴产业基地。

## 四 中美关系与"一带一路"倡议

新冠肺炎疫情背景下中美关系的未来发展将深刻影响"一带一路"倡议的落实，以及中国同"一带一路"沿线国家的关系。各位学者从各国战略选择、如何促进各国互信等角度展开论述。

柬埔寨亚洲战略研究所所长常·万纳瑞斯（Chheang Vannarith）认为，中美权力竞争仍将持续，东南亚国家需要为中美关系的不确定性做好准备。新冠肺炎疫情令中美两国竞争加剧，如果美国有效控制住了新冠肺炎疫情，也许两国关系会缓和一些。东南亚国家对中美对抗已经表明了其意图和政治立场，即不会在这场竞争中偏袒任何一方，不想在这类问题上选边站队。中美关系的现状使得"一带一路"倡议的推进面临着诸多挑战。以东南亚国家为例，疫情使得东南亚国家面临着经济低迷和衰退问题，但是，当东南亚国家助推经济发展的意图牵扯到中美竞争的相关领域时，它们必将陷入抉择的困境。此外，由于美国在东南亚国家发挥着重要的舆情引导作用，长期以来美国在东南亚国家大肆宣扬对华负面舆论。

广西大学国际学院党总支书记覃成强从经济和人文交流方面就中美关系对"一带一路"的影响进行了阐述。他认为，这种影响是挑战与机遇并存，在经济方面，主要面临产业外移、中国经常账户顺差调整、"一带一路"建设的资金来源受到约束等挑战。同时，中美两国也有望在"一带一路"沿线地区实现竞争性合作。"一带一路"沿线地区是当前世界经济的增长亮点，沿线国家正在形成新的产业链。在人文交流方面，中美关系影响中国在沿线国家的形象及高端人才间的交流，并会对"一带一路"国家间的政治互信产生影响。与此同时，双方也能看到一些机遇，例如中国对疫情的防控提高了世界范围内中国的学术声誉和知名度，推动着"一带一路"沿线国家的旅游发展，推动着"一带一路"沿线国家命运共同体的建设。

仰光大学国际关系学系教授堤达昂（Thida Aung）就2008年经济危机后中美关系进行了简要梳理，认为奥巴马执政期间的美国政府维持了中美两国合作伙伴的关系和战略竞争对手的关系，而特朗普政府上台后，美国转向重点抑制中国的发展空间。对于"一带一路"倡议，中美有着的不同看法。从美国的角度来看，"一带一路"倡议是中国深思熟虑后的行动，目的是在经济上边缘化美国，并扩大中国在世界范围内的影响力。从中国的角度来看，"一带一路"倡议的一个目标是提升中国的能源与粮食安全，缩小亚洲基础设施建设鸿沟。美国总统换届以及中美对"一带一路"倡议在认识上的分歧将导致中美经济竞争的持续升级。

## 结　语

新冠肺炎疫情作为第二次世界大战以来全球发生的最严重的传染病大流行，对世界各国的经济社会发展造成强烈冲击。面对疫情的肆虐，中国政府与人民连同世界多国政府与人民以及有关地区组织和国际机构、外资企业等，直面新冠肺炎疫情挑战并取得了阶段性胜利。与此同时，中国与"一带一路"沿线国家的务实合作与经贸往来遭遇挑战。各国学者就如何直面困难、创造新的发展机遇进行了深入探讨，为后疫情时代各项工作的深入开展提供了诸多思路和方案，也为各国增进互信、加强交流奠定了基础。

## Fighting against the COVID-19 Pandemic and Promoting the High-Quality Development of the "Belt and Road" Initiative—Summary of "Seminar on the Construction of China-Indochina Peninsula Economic Corridor

*Wang Yuzhu　Li Boyi　Yu Junjie*

**Abstract**　On July 17, 2020, the Seminar on the Construction of China-Indochina Peninsula Economic Corridor was held at Guangxi University. This seminar was themed on "Fighting against the COVID-19 Pandemic and Promoting the High-Quality Development of the 'Belt and Road' Initiative". Experts and scholars from China and ASEAN countries focused on "the impact of the COVID-19 pandemic on the 'Belt and Road' Initiative", "China-Indochina peninsula economic corridor construction under the background of the COVID-19 pandemic", and "China-US relations and 'Belt and Road' Initiative", carried out indepth discussions on the construction of the China-Indochina peninsula economic corridor.

**Key Words**　China-Indochina Peninsula; COVID-19 Pandemic; Belt and Road Initiative

**Authors**　Wang Yuzhu, China-ASEAN Research Institute of Guangxi University, Research Fellow; Li Boyi, International College of Guangxi University, Graduate Student; Yu Junjie, International College of Guangxi University, Ph. D. Candidate.

# 附 录

Appendix

# 中国—东盟区域发展省部共建协同创新中心简介

中国—东盟区域发展省部共建协同创新中心的前身是中国—东盟区域发展协同创新中心。中国—东盟区域发展协同创新中心由广西壮族自治区人民政府主导，联合中共中央对外联络部、外交部、商务部、中国农业银行，由广西大学牵头，协同国内外重点高校、重要科研院所共同组建。中心以打造"国家急需、世界一流、制度先进、贡献重大"的中国特色新型高校智库为目标，致力于发展中国—东盟领域政治、经济、国防、外交等重大问题的合作与创新研究，培养"东盟通"特殊人才，服务"一带一路"倡议等国家政策。

中国与东盟的合作虽然取得了巨大的成就，但随着外部环境和外生因素的变化，新问题也层出不穷，严重影响和制约着中国与东盟国家在政治和经济领域的合作与发展。为加强对中国—东盟区域发展重大理论与实践问题的综合研究，为中国—东盟命运共同体建设、中国—东盟关系发展提供理论支持、政策咨询和人才支持，中心于 2015 年 3 月 15 日在北京举行了第二轮组建签约。

第二轮组建签约后的中国—东盟区域发展协同创新中心由 28 个单位构成。主要包括牵头单位广西大学，核心单位 10 家（云南大学、暨南大学、南开大学、对外经济贸易大学、西南交通大学、中国人民解放军国防大学战略研究所、中国社会科学院亚太与全球战略研究院），支撑单位 6 家（外交部亚洲司、外交部政策规划司、商务部亚洲司、商务部国际贸易经济合作研究院、中共中央对外联络部当代世界研究中心、广西壮族自治区

**图1 中国—东盟区域发展省部共建协同创新中心组建签约仪式**

人民政府办公厅),成员单位11家(南京大学商学院、外交学院亚洲研究所、中央财经大学金融学院、中国人民大学国际关系学院、厦门大学东南亚研究中心、中国—东盟商务理事会、安邦咨询公司、东中西区域改革和发展研究院、广西国际博览事务局(中国—东盟博览会秘书处)、广西金融投资集团、中马钦州产业园区管委会。2019年9月,中国—东盟区域发展协同创新中心被教育部认定为省部共建协同创新中心(下文称"协同创新中心")。

协同创新中心依据《理事会章程》要求,围绕中国—东盟命运共同体间"讲信修睦""合作共赢""开放包容"的建设目标,秉承"精简、高效"的原则,实行理事会领导,学术委员会对学术问题把关的中心主任负责制。

**发展目标**

中国—东盟区域发展省部共建协同创新中心的建设,将以国家和东盟区域发展的重大需求为导向,以中国—东盟全面战略合作伙伴关系发展中的重大协同创新研究任务为牵引,以服务中国—东盟区域发展实践和理论创新重大需要为宗旨,提升科研、学科、人才"三位一体"创新能力,优化国际问题研究全方位创新环境,努力将中心建设成为集科学研究、学科建设、人才培养、智库建设、体制创新于一体,世界一流的区域发展理论创新高地、政策咨询智库和人才培养基地,打造中国高校特色新型智库,使中国—东盟区域发展省部共建协同创新中心成为具有国际重大影响的学术高地。

● 科学研究

世界一流的区域发展理论创新高地。中共中央对外联络部、外交部、商务部和广西壮族自治区人民政府的共同支撑将在科研上体现创新。建立知识创新机制、体制创新机制,营造有利于协同创新机制形成的环境和氛围,打造中国高校特色新型智库。

● 学科建设

建成中国—东盟区域发展国家特色学科。在研究的过程中,协同创新中心将凝练学科方向,汇聚学科队伍,构筑学科基地,制定学科建设规划,创新研究成果,形成新学科课程基础,有计划地举办全国或国际学术会议、接受国内外同行研究人员参与相关项目研究,发挥对外学术交流窗口作用,努力将创新中心建成本学科的全国学术交流和资料信息高地。

● 人才培养

国际知名的创新型人才培养基地。"7校2院、2央企"的协同机制,并有5所高校作为成员单位加入,实现人才培养"需求与供给"对称,可以建立跨国家、跨学科、跨学校、跨领域的人才培养平台。

● 智库建设

国际著名的中国特色新型智库。中国—东盟区域发展省部共建协同创新中心科研团队的组建涉及党、政、军、学、研、企各行业,既有理论研究人员,又有实践部门的案例支持,科研成果的决策应用性将更加突出"政、产、学、研、用"一体化试验田。机制创新、制度创新作为协同创新中心建设的关键,可以为人文社科领域科学研究开设试验田,在探索高等学校科研体制改革方面发挥示范和辐射作用。

**平台与研究团队集成**

中国—东盟区域发展省部共建协同创新中心围绕"讲信修睦""合作共赢""守望相助""心心相印""开放包容"中国—东盟命运共同体目标,加强10个创新平台建设。协同机制形成后,将集中形成6个研究团队。这6个研究团队集成,共有49支研究团队,分别由协同创新中心主任、首席科学家担任主要负责人,分布在10个协同创新平台。

协同创新中心打破协同单位原有界限,实行"校校协同""校院协同""校所协同",以课题和任务为纽带,形成"你中有我、我中有你"的紧密型合作。为了充分调动协同单位的积极性和创造性,增强责任感,充分发挥协同高校在基本理论研究、人才培养、学科建设方面的优势,中共中央对外联络部、外交部、商务部和广西壮族自治区人民政府、中国社会科学院在科学研究、政策咨询方面的优势,以及中国农业银行、国家开发银行在现实案例、数据库建设方面的优势,我们对各协同单位在建设中的分工都有所侧重。

# 广西大学国际学院简介

广西大学国际学院成立于 2018 年 6 月。由原中国—东盟研究院、中国—东盟学院、中加国际学院、国际教育学院、广西大学复杂性科学与大数据技术研究所 5 个单位整合而成。作为广西大学最年轻的学院，国际学院承担着广西大学国际化战略的重要任务。目前，国际学院主要负责广西大学与美国、法国、加拿大等国知名大学的交流与合作。项目包括中加国际学院、中美"3+1"本科、中美"3+1+1"本硕连读、中法"1.5+3.5"本科等。同时，学院还负责全校留学生的招生与管理、对外汉语教学等国际教育事务。

学院的发展得到了广西大学的高度重视。广西大学副校长范祚军教授兼任首任院长，覃成强教授任学院党总支部首任书记，王玉主研究员任执行院长。各级领导多次到学院检查和指导工作，为学院的发展带来了强大的动力。

学院目前拥有教职工 123 名，其中中方教职工 115 名，外籍教师 8 名；在读中国学生 775 名，其中博士研究生 17 名，研究生 39 名，本科生 719 名。截至目前，学院负责招收管理全校留学生 2251 名，招生规模特别是留学生数量呈逐年递增趋势。

学院是广西大学国际化的窗口。学院结合区域发展趋势，坚持特色化办学、国际化发展的定位，不断融合先进办学理念，创新人才培养模式，为区域社会经济文化发展服务，利用自身国际化水平以及科研平台优势，向建设一流学院不懈努力（数据截至 2020 年 7 月）。

# 广西大学中国—东盟研究院简介

广西地处中国面向东盟开放的前沿地带,具备与东盟国家陆海相邻的独特优势,正积极构建面向东盟的国际大通道,打造西南中南地区开放发展新的战略支点,形成"一带一路"倡议有机衔接的重要门户。习近平、李克强等党和国家领导人曾多次作出重要指示,肯定广西在中国—东盟合作中的重要地位,并明确要求广西要积极参与中国—东盟自由贸易区、泛北部湾合作、GMS次区域合作,充分发挥中国—东盟自由贸易区前沿地带和"桥头堡"作用。2005年,时任自治区党委书记刘奇葆作出指示:"要加强对东盟的研究,找到合作的切入点,认真做好与东盟合作的战略规划,提出行动计划。"时任自治区党委副书记潘琦、自治区人民政府常务副主席李金早作出批示,批准广西大学联合广西国际博览事务局,整合全区高校和相关部门的研究力量,在原广西大学东南亚研究中心(1995年成立)的基础上,成立中国—东盟研究院,为正处级独立建制,以东盟经济问题为切入点,研究中国—东盟双边贸易以及CAFTA建设中的重大理论、政策及实践问题,并在此基础上辐射至中国—东盟关系研究。

2005年1月中国—东盟研究院成立时,下设中国—东盟经济研究所、中国—东盟法律研究所、中国—东盟民族文化研究所,主要研究方向涉及中国—东盟关系及东南亚国家的经济、法律、文化及民族等方面的问题。为适应中国—东盟关系的发展变化,2011—2013年中国—东盟研究院进一步细化研究领域,强化研究深度,调整运行架构,将机构设置增加、调整为10个国别(越南、缅甸、老挝、泰国、文莱、新加坡、马来西亚、印度尼西亚、菲律宾、柬埔寨)研究机构和10个专业研究机构(中越经济研究院、广西大学21世纪海上丝绸之路研究中心、澜沧江—湄公河经济带研究中心、中国—东盟产业发展与生态环境研究中心、国际关系研究所、民族与文化研究所/骆越文化研究中心、法律研究所、中马产业园研究中心、中国—东盟战略研究所、中国—东盟财政金融政策研究中心），并启动建设中国—东盟研究国际在线研讨平台和中国—东盟全息数据研究与咨询中心，强化科研基础设施建设。

2013年6月1日，中共中央委员、广西壮族自治区党委书记、自治区人大常委会主任彭清华同志就中国—东盟重大课题研究和中国—东盟研究团队、研究机构的建设与发展作出重要指示："广西大学中国—东盟研究院，在高校里很有特色，有独特的地位。广西在中国—东盟关系里面，不管是一个桥头堡还是一个开放前沿，都有一个独特的区位优势，我们把广西大学中国—东盟研究院办好，加强科研团队建设，有利于更好地发挥广西在发展中国—东盟合作关系中的作用。中国—东盟研究团队多年来积累了一些研究成果，对我们今后更务实、有效地改进中国—东盟、广西—东盟的关系很重要，希望继续把它做好。"

近年来，中国—东盟研究院以"长江学者""八桂学者"为重点目标，以"特聘专家"等方式引进国内外高校及研究机构的科研骨干，跨学科交叉组建研究团队。经过长期的建设发展，中国—东盟研究院已成为全国从事东盟领域研究人数最多的机构。

目前，中国—东盟研究院作为"自治区人文社科重点研究基地"，牵头建设中国—东盟区域发展省部共建协同创新中心，实施"中国—东盟战略伙伴关系研究'部、省、校'协同创新工程"，争取使"中国—东盟区域发展省部共建协同创新中心"进入国家级协同创新中心行列。在此基础上，中国—东盟研究院拟申报成为"教育部人文社会科学重点研究基地"，未来将为中国—东盟关系领域的全面研究提供更广阔的平台。

广西大学中国—东盟研究院立足地缘和区位优势，研究中国—东盟双边贸易以及CAFTA建设中的重大理论、政策及实践问题，在国内乃至东盟国家有重要影响。以广西大学中国—东盟研究院为主要建设载体的"中国—东盟经贸合作与发展""211"重点建设学科群已经成为广西该领域独占鳌头的强势学科，主要学科（专业）建设或研究方向已经达到国内领先水平。

广西大学中国—东盟研究院获得全国东盟研究领域第一个教育部哲学社会科学研究重大课题攻关项目和第一个国家社科基金重大项目，开创了广西人文社会科学研究的里程碑，成为中央有关部委、自治区党委、政府及其相关部门、地方各级党委、政府的重要智囊单位，研究成果或入选教育部社会科学委员会专家建议、中共中央对外联络部、教育部内参和成果摘报，或获得党中央、国务院和自治区主要领导批示，在学术界和社会上有较大的影响，研究成果居国内领先水平。

展望未来，中国—东盟研究院将本着跨学科、跨区域、跨国家的开放式研究平台建设思维，整合国内外该领域研究力量，创新科研团队形成机制，融合政治学、历史学、民族学等多个边缘学科，研究中国—东盟关系问题，并扩展到跨国界区域性国际经济合作理论与实践问题。"中国—东盟区域发展"作为应用经济学一级学科的新设二级创新学科，以博士点和硕士点建设为契机，以"中国—东盟关系与区域发展"作为研究对象，试图形成完整的中国—东盟关系多学科互动研究体系，使本团队的理论研究具有前沿性、基础性、支撑性。

# 广西大学中国—东盟信息港大数据研究院简介

中国—东盟信息港大数据研究院（中国—东盟大数据研究院，以下简称"研究院"）于2018年正式成立。研究院围绕中国—东盟合作大数据建设和中国—东盟信息港建设，整合政府、高校、科研机构及企业等多方资源，充分利用云计算、物联网、大数据等新一代信息技术，以产学研相结合的模式着力构建国家一流大数据创新性平台，推动先进信息科学技术嫁接金融、对接产业、服务实体经济，以推动广西信息化、数字化建设，加快产业转型升级、培育战略性新兴产业、深化供给侧结构性改革，进一步提升广西开放合作水平，落实习近平总书记视察广西时提出的"夯实提升中国—东盟开放平台"新要求，支撑国家"一带一路"倡议伟大构想。

研究院主要围绕以下几个方面展开工作：

1. 重点开展中国—东盟大数据平台建设。通过数据库建设，建成服务中国—东盟合作的数据中心，支撑中国—东盟信息港大数据中心建设，充分迎合"一带一路"建设、大数据发展战略等国家需求。

2. 提供政策研究和决策咨询服务。研究院致力于推动"一带一路"倡议、中国—东盟共同体建设、中国—东盟信息港建设的政策研究，运用数据挖掘技术辅助经济运行分析决策、依托人工智能技术打造东盟数字化新型智库，为中国—东盟信息互联互通、广西信息产业体制机制创新提供政策依据和参考。

3. 打造高端科研平台，聚集一流大数据研究人才。就中国—东盟信息港建设、人工智能、大数据技术等重要议题开展学术研讨会，进行定期或不定期的交流融合。通过搭建和打造多层次的高端学术交流平台，提供学术交流和思想碰撞场所，成为连接广西信息行业内外各界沟通交流的纽带和桥梁，促进理论与实践研究全面发展。

4. 联合开展实地调研和各层次课题合作。研究院立足中国—东盟信息港建设中面临的重大理论与现实问题，与各大政府机构、企事业单位联合开展实地调研，推进前沿性、系统性、顶天与立地相融合的科学研究。

5. 培养和输送高层次计算机人才，举办大数据方面专业培训。通过重大课题研究攻关、以老带新等方式，深化人才培养模式创新，扩大人才培养的规模，打造一支研究型、专家型、创新型、复合型智囊团队。通过举办相关培训和学术研讨交流会可以为计算机领域培养一批具有国际视野、兼具理论基础和实践经验的高层次大数据人才。

目前，研究院已建成"数据挖掘分析中心大数据实验室"，以"融合"的思维，实现大数据融合和办公空间融合，建成了一套大数据同平台共享，音视频信号互联互通、可知可感的现代智慧型大数据实验室，可以满足支持集中和分布式协同科研工作，具备了大数据平台部署的硬件条件和部分软件环境。已整合完成多个全球各大网站数据源，包括全球政治事件数据库、东盟十国（八个专题）爬虫数据库、全球盟约数据库、全球恐怖事件数据库、东盟十国日报周报月报数据库、世界银行数据库、联合国贸易数据库、舆情监测系统数据库等各类型数据资源，在东盟大数据采集、分析与挖掘方面取得了重要进展。建成了东盟舆情系统、"一带一路"舆情系统、东盟智能建模分析系统、机器视觉慧眼系统等平台，基于以上平台的建设成果，研究院充分利用丰富的数据资源以及专业的大数据挖掘分析技术提升智库服务水平，为政府部门开展中国—东盟合作、西部陆海新通道建设、面向东盟的金融开放门户建设、数字广西建设等提供了丰富的决策咨询报告。

2019年研究院获批成为广西壮族自治区工程研究中心，被认定为第一批数字广西建设标杆引领重点支撑平台（大数据研发中心），"中国—东盟大数据研究"创新团队获批自治区"八桂学者"设岗团队。2020年研究院被认定为数字广西建设优秀成果"数据挖掘分析人才聚集与培养基地"。

# 《中国—东盟研究》征稿启事

　　《中国—东盟研究》是由中国—东盟区域发展省部共建协同创新中心主办、广西大学中国—东盟研究院承办的专业性学术刊物，于2017年正式出版发行，每年出版4辑，主要刊载国内外有关东南亚国别与地区、东南亚政治、经济、文化以及中国—东盟关系等领域的学术研究成果。本刊已获《中国学术期刊网络出版总库》及CNKI系列数据库收录。

　　《中国—东盟研究》设有"特稿""国别研究""区域研究""一带一路""澜湄合作"以及"会议与文献综述"等栏目，正在寻找有风骨、有才情的作者，期待有态度、有腔调的文字，热诚欢迎海内外学人惠赐佳作。

　　为保证学术研究成果的原创性和严谨性，倡导良好的学术风气，敬请作者投稿时注意如下事项：

　　一、来稿请提供Word电子版，字数以10000—15000字为宜。

　　二、来稿请提供中英文题名、中英文摘要（200字左右）、中英文关键词（3—5个）以及中英文作者简介（包括姓名、工作单位、职务、职称、电话、电子邮箱以及详细通讯地址等信息）。

　　三、来稿请严格遵守学术规范，引用的文献、观点和主要事实必须注明来源。注释采用页脚注，小五号宋体，具体请参见"《中国—东盟研究》引文注释规范"。

　　四、来稿其他规范包括：（一）字体：正文为五号宋体，题目为三号宋体加粗，一级标题为四号宋体加粗，二级标题为小四宋体加粗，行间距1.25倍。（二）编号：正文部分用一、二……（一）（二）……1、2……（1）（2）……编号法，依次类推。（三）图表：表格采用三线表，表名放在表格上方，图名放在图下方。

五、本刊对采用的稿件有修改权，若不同意，请来稿时注明。

六、本刊实行匿名评审制度，文责自负，切勿一稿多投。来稿一经刊用，即视为作者许可本刊使用该稿件的发表权、发行权、复制权、网络传播权等，文章发表后将获赠样刊两本，并酌情给予稿酬。

七、本刊恕不退稿。凡投稿两个月内未接到任何采用通知者可改投他刊。

八、本刊接收英文投稿，英文稿件将翻译成中文出版。

九、来稿请通过《中国—东盟研究》投稿邮箱：zg-dmyj@gxu.edu.cn 和知网投稿系统（http://zdme.cbpt.cnki.net/）投稿。编辑部联系电话：0771-3232412。

《中国—东盟研究》编辑部

## 附：《中国—东盟研究》引文注释规范

**1. 中文注释**

对所引用的文献第一次进行注释时，必须将其作者姓名、文献名、出版社、出版时间、所属页码一并注出。具体格式举例如下：

（1）专著

王子昌：《东盟外交共同体：主体及表现》，时事出版社2011年版，第109—110页。

（2）译著

［美］汉斯·摩根索：《国家间的政治——为权力与和平而斗争》，杨岐鸣等译，商务印书馆1993年版，第30—35页。

（3）论文

徐步、杨帆：《中国—东盟关系：新的起航》，《国际问题研究》2016年第1期，第35—48页。

（4）纸质版媒体

1）有作者（评论类）

邵宇：《中国重构对外资产负债表》，《上海证券报》2016年5月13日。

2）无作者（新闻类）

《马哈迪畅谈马来人的新困境》，《南洋商报》2002 年 7 月 30 日。

**2. 外文注释（以英文为例）**

同中文注释的要求基本一致，只是论文名用引号，书名和杂志名用斜体。具体格式举例如下：

（1）专著

Robert O. Keohane and Joseph S. Nye, *Power and Interdependence: World Politics in Transition*, Boston: Little Brown Company, 1997, p. 33.

（2）论文

Amitav Acharya, "Ideas, Identity and Institution-Building: From the 'ASEAN Way' to the 'Asia-Pacific Way'?", *The Pacific Review*, Vol. 10, No. 3, 1997, pp. 319–346.

（3）文集中的论文

Steve Smith, "New Approaches to International Theory", in John Baylis and Steve Smith eds., *The Globalization of World Politics*, Oxford: Oxford University Press, 1998, pp. 169–170.

（4）报纸

"Laos-China Railway Project Construction Commences", *Vientiane Times*, December 3, 2015, p. 2.

**3. 互联网资料注释**

互联网资料格式参照以上中英文注释的要求，同时需要注明详细的网址以及登录时间。

（1）中文资料

1）有作者（评论类）

许宁宁：《中国与东盟走过了不平凡的 20 年》，新浪财经网，2011 年 7 月 28 日，http://finance.sina.com.cn/g/20110728/151310223248.shtml，登录时间：2015 年 9 月 6 日。

2）无作者（新闻类）

《越南吸引 354.6 亿美元外商直接投资》，越南通讯社，2018 年 12 月 27 日，https://en.vietnamplus.vn/vietnam-lures-3546-billion-usd-fdi/144240.vnp，登录时间：2019 年 1 月 4 日。

3）国家部委网页资料

《越南鼓励企业大力发展农产品加工业》，中华人民共和国商务部网站，2014年12月31日，http：//www.mofcom.gov.cn/article/i/jshz/new/201412/20141200853990.shtml，登录时间：2018年4月4日。

越南国家统计局：《越南统计年鉴2017》，http：//www.gso.gov.vn/default_en.aspx?tabid=515&idmid=5&ItemID=18941，登录时间：2018年11月4日。

（2）英文资料

1）评论性文章

Richard Heydarian，"Japan Pivots South, with Eye on China"，The Asia Times Online，January 26，2013，http：//www.atimes.com/atimes/Japan/OA26Dh01.html，登录时间：2015年12月22日。

2）政府部门类

Australian Department of the Prime Minister and Cabinet，"Strong and Secure A Strategy for Australia's National Security"，January 2013，http：//www.dpmc.gov.au/national_security/docs/national_security_strategy.pdf，登录时间：2018年12月14日。

**4. 硕博论文**

张伟丰：《泰国能源研究》，2013年云南大学博士学位论文，第56页。